We'd like your help!

We're working to create the best possible reference materials and we want to know how we're doing! Please take a few moments to answer these questions. Cut out the form along the vertical line and send it to the following address:

Real Estate Education Company
Attn: Carol Luitjens
155 North Wacker Drive
Chicago, IL 60606-1719

1. Are you a(n):
- ☐ real estate student
- ☐ real estate salesperson or broker
- ☐ mortgage lender
- ☐ please specify:_____

- ☐ real estate consumer
- ☐ real estate instructor
- ☐ appraiser
- ☐ lawyer or attorney

2. What is your first or native language?
- ☐ English
- ☐ Spanish
- ☐ Other _____

3. How will you use this dictionary?
- ☐ To prepare for a real estate exam
- ☐ To communicate with real estate agents or customers
- ☐ To further your general knowledge of real estate
- ☐ Other _____

4. In what other ways could this dictionary help you?

_____

_____

_____

Bienes Raíces:
An English-
Spanish
Real Estate
Dictionary

Real Estate
Education Company
a division of Dearborn Financial Publishing, Inc.

This publication is designed to provide accurate and authoritative information in regard to the subject matter covered. It is sold with the understanding that the publisher is not engaged in rendering legal, accounting or other professional service. If legal advice or other expert assitance is required, the services of a competent professional person should be sought.

Publisher: Carol L. Luitjens
Associate Development Editor: Kristen Short
Translator: Ad-Ex Worldwide
Project Editor: Debra M. Hall
Art Manager: Lucy Jenkins
Cover Design: Design Alliance, Inc.

Published by Real Estate Education Company®,
a division of Dearborn Financial Publishing, Inc.®
155 North Wacker Drive
Chicago, Illinois 60606–1719
1–800–621–9621

Printed in the United States of America.

96 97 98 10 9 8 7 6 5 4 3 2

Library of Congress Cataloging-in-Publication Data

Bienes Raíces: An English-Spanish Real Estate Dictionary.
    p. cm.
    Includes index.
    ISBN 0-7931-1334-2
    1. Real estate business—Dictionaries. 2 English language—Dictionaries—Spanish.
HD1365.Q53   1995
333.33'03—dc20   95-14584
                                                            CIP

Contents

Preface

Bienes Raíces: An English-Spanish Real Estate Dictionary was developed to help bridge communication gaps between English and Spanish speakers in real estate transactions and answer the everyday real estate questions of Spanish speakers. For example, what is an exclusive-agency listing or *exclusividad de agencia de la venta*? What does intestate or *intestado* mean? How does a trust account or *cuenta de fideicomiso* work? Answers to these and other questions can be found within *Bienes Raíces: An English-Spanish Real Estate Dictionary.*

Adapted from the most widely-used real estate textbook and reference, *Modern Real Estate Practice*, this dictionary contains Spanish translations for more than 800 real estate terms and definitions. Each translation has been carefully worded to ensure easy comprehension for all native speakers. Furthermore, this guide has been reviewed and field-tested by leading real estate instructors and practicing real estate agents.

In our commitment to offer the best professional training and reference materials in the real estate industry and to address the evolving needs of a multilingual real estate community, Real Estate Education Company is pleased to introduce *Bienes Raíces: An English-Spanish Real Estate Dictionary.*

Acknowledgments

Real Estate Education Company thanks Interactive Communications Group for their consulting work and Ad-Ex Worldwide for their superior translations, assistance and commitment in helping to create *Bienes Raíces: An English-Spanish Real Estate Dictionary.*

We are also indebted to the following individuals for their reviewer contributions and feedback:

- Maty C. Avila, GRI, Contra Costa Association of REALTORS®, Lafayette, California
- Alicia Bosch-Kiser, Bosch-Kiser Properties, San Antonio, Texas
- Paul Brown, New Mexico Real Estate Institute, Albuquerque, New Mexico
- Victor Huerta, University of Texas Pan-American School of Business Administration, Edinburg, Texas
- Deborah Johnsen, University of Texas at Brownsville
- Jim Mills, University of Texas at Brownsville
- Thomas F. Perez, MBA, Mérida, Yucatán, Mexico
- Elizabeth D. Simpson, Elizabeth Simpson and Associates, San Juan, Puerto Rico
- Audrey Van Vliet-Conti, Academy of Real Estate Education, Inc., Fort Myers, Florida
- Gustavo Zijlstra, North American Mortgage Company®, Santa Rosa, California

Finally, we thank authors Martha R. Williams and John Reilly for allowing the translation of several terms from their texts, *California Real Estate Principles,* 3rd Edition, and *The Language of Real Estate,* 4th Edition, respectively.

abstract of title The condensed history of a title to a particular parcel of real estate, consisting of a summary of the original grant and all subsequent conveyances and encumbrances affecting the property and a certification by the abstractor that the history is complete and accurate.

- **extracto del título** Es el historial condensado de un título de propiedad de una parcela particular de terreno. El historial consiste de un resumen de la concesión original y de todas las concesiones y gravámenes subsiguientes que afecten a la propiedad y de un certificado, por parte de la persona que elabora el extracto, que indica que el historial está completo y que es fidedigno.

acceleration clause The clause in a mortgage or deed of trust that can be enforced to make the entire debt due immediately if the borrower defaults on an installment payment or other covenant.

- **cláusula de anticipación** La cláusula en una hipoteca o escritura de fideicomiso que se puede hacer valer con el fin de hacer que toda la deuda quede sujeta a pronta ejecución si el prestatario no cumple con uno de los pagos acordados o con las promesas establecidas en el documento.

accession Acquiring title to additions or improvements to real property as a result of the annexation of fixtures or the accretion of alluvial deposits along the banks of streams.

- **accesión** Adquisición de título a adiciones o mejoras a un bien inmueble como resultado de la anexión de una instalación accesoria o la acrecencia natural de depósitos aluviales a lo largo de las márgenes de los ríos.

accretion The increase or addition of land by the deposit of sand or soil washed up naturally from a river, lake or sea.

■ **acrecencia, acrecentamiento** El incremento o adición de terreno por los depósitos de arena o tierra arrojados naturalmente por un río, un lago o por el mar.

accrued items On a closing statement, items of expense that are incurred but not yet payable, such as interest on a mortgage loan or taxes on real property.

■ **cuentas diferidas, acumuladas** En una declaración final, las partidas correspondientes a los gastos incurridos pero que todavía no son pagaderos, como los intereses de un préstamo hipotecario o los impuestos de un bien inmueble.

acknowledgment A formal declaration made before a duly authorized officer, usually a notary public, by a person who has signed a document.

■ **atestación** Una declaración formal realizada frente a un funcionario debidamente autorizado, comúnmente un notario público, por una persona que ha firmado un documento.

acre A measure of land equal to 43,560 square feet, 4,810 square yards, 4,047 square meters, 160 square rods or 0.4047 hectares.

■ **acre** Unidad de medición de terrenos que equivale a 43,560 pies cuadrados, 4,840 yardas cuadradas, 4,047 metros cuadrados, 160 varas cuadradas ó 0.4047 hectáreas.

action to quiet title A court proceeding brought to establish title to real property.

■ **acción para fijar la validez de un título/acción para fijar título pleno** Un procedimiento en los tribunales que se realiza con el fin de quitar una duda sobre el título de propiedad del bien inmueble.

actual eviction The legal process that results in the tenant's being physically removed from the leased premises.

■ **desalojo efectivo/real** El proceso legal que da por resultado que el arrendatario sea desalojado físicamente de la propiedad bajo alquiler.

actual notice Express information or fact; that which is known; direct knowledge.

- **notificación efectiva** Información o dato expreso; algo que se sabe; conocimiento directo.

adjustable rate mortgage (ARM) A loan characterized by a fluctuating interest rate. Usually one tied to a bank or savings and loan association cost-of-funds index.

- **hipoteca con tasa ajustable** Un préstamo que se caracteriza por tener una tasa de interés fluctuante, por lo general sujeta al índice del costo de los fondos del banco o de la institución de ahorros y préstamos.

adjusted basis *See* basis.

- **base ajustada** *Véase* base.

ad valorem tax A tax levied according to value, generally used to refer to real estate tax. Also called the general tax.

- **impuesto ad valórem** Un impuesto gravado de acuerdo con el valor del bien, generalmente se usa para referirse a los impuestos sobre los bienes raíces. Llámasele también impuesto general.

adverse possession The actual, open, notorious, hostile and continuous possession of another's land under a claim of title. Possession for a statutory period may be a means of acquiring title.

- **posesión sin justo título** La posesión abierta, notoria, hostil y continua de un inmueble de otra persona con la intención de obtener el título de propiedad. Si esta posesión se realiza durante un plazo fijado por la ley, podría dar lugar a la adquisición del título de propiedad.

affidavit of title A written statement, made under oath by a seller or grantor of real property and acknowledged by a notary public, in which the grantor (1) identifies himself or herself and indicates marital status, (2) certifies that since the examination of the title on the date of the contracts no defects have occurred in the title and (3) certifies that he or she is in possession of the property (if applicable).

- **declaración jurada por escrito del título de propiedad/ afidávit de titularidad** Una declaración por escrito, hecha bajo juramento por un vendedor o cesionista del bien inmueble y certificada por un notario público, mediante la cual el (la) cesionista (1) se identifica a sí mismo e indica su estado civil, (2) certifica que desde la fecha a la cual se examinó el título de propiedad no ha ocurrido defecto alguno en el título y (3) certifica que él o ella posee la propiedad (si tal es el caso).

agency The relationship between a principal and an agent wherein the agent is authorized to represent the principal in certain transactions.

■ **agencia, gestoría** La relación entre un poderdante o principal y un apoderado (o agente) mediante la cual el agente está autorizado a representar al principal en ciertas transacciones.

agency coupled with an interest An agency relationship in which the agent is given an estate or interest in the subject of the agency (the property).

■ **agencia aunada a un interés** La relación de una agencia en la cual el agente recibe un patrimonio o interés en el objeto de tal agencia (la propiedad).

agent One who acts or has the power to act for another. A fiduciary relationship is created under the law of agency when a property owner, as the principal, executes a listing agreement or management contract authorizing a licensed real estate broker to be his or her agent.

■ **agente, gestor** Una persona que actúa o que tiene el poder para actuar en nombre de otra. Se establece una relación fiduciaria de acuerdo con la *law of agency* (ley de agencia o gestoría) cuando el propietario de un inmueble, en carácter de principal, ejecuta un acuerdo de venta o un contrato de gestión, por el cual autoriza a un corredor de bienes raíces certificado como su agente.

air lot A designated airspace over a piece of land. An air lot, like surface property, may be transferred.

■ **lote aéreo** Un espacio aéreo designado encima de un terreno. Un lote aéreo, al igual que una propiedad en la superficie, puede ser transferido.

air rights The right to use the open space above a property, usually allowing the surface to be used for another purpose.

■ **derechos aéreos** El derecho de usar el espacio abierto arriba de una propiedad, permitiendo generalmente que la superficie se use para otros propósitos.

alienation The act of transferring property to another. Alienation may be voluntary, such as by gift or sale, or involuntary, as through eminent domain or adverse possession.

- **enajención** El acto de transferir una propiedad a otra persona. La enajenación puede ser voluntaria, como un regalo o una venta, o involuntaria, como lo es a través de un dominio eminente o una prescripción adquisitiva.

alienation clause The clause in a mortgage or deed of trust that states that the balance of the secured debt becomes immediately due and payable at the lender's option if the property is sold by the borrower. In effect this clause prevents the borrower from assigning the debt without the lender's approval.

- **cláusula de enajenación** La cláusula en una hipoteca o escritura de fideicomiso que declara que el saldo de la hipoteca vencerá y será pagadero de inmediato a opción del prestamista si la propiedad es vendida por el prestatario. De hecho, esta cláusula evita que el prestatario asigne o transfiera la deuda sin la aprobación del prestamista.

allodial system A system of land ownership in which land is held free and clear of any rent or service due to the government; commonly contrasted to the feudal system. Land is held under the allodial system in the United States.

- **sistema alodial** Un sistema de posesión de terrenos en el que la tierra se mantiene libre y exenta de todo cargo y derecho señorial; comúnmente se le contrasta con el sistema feudal. En los Estados Unidos, la tierra se mantiene de acuerdo con el sistema alodial.

alluvion Alluvium; the increase of soil along the bank of a body of water by natural forces.

- **aluvión** Del latín "alluvium"; el incremento de la tierra a lo largo de las márgenes de una masa de agua debido a las fuerzas de la naturaleza.

American Land Title Association (ALTA) policy A title insurance policy that protects the interest in a collateral property of a mortgage lender who originates a new real estate loan.

- **póliza de la Asociación Estadounidense de Títulos de Propiedad (ALTA)** Una póliza de seguro de título de propiedad que protege el interés, en una propiedad con garantía prendaria, de un prestamista hipotecario que origina un nuevo préstamo hipotecario.

Americans with Disabilities Act Federal legislation mandating architectural standards that facilitate accessibility and mobility by disabled persons.

■ **Ley Sobre los Estadounidenses Incapacitados** Una legislación federal que establece normas arquitectónicas facilitando el acceso y movilidad de las personas incapacitadas.

amortization The payment of a financial obligation in installments; recovery over a period of time of cost or value. An amortized loan includes both principal and interest in approximately equal payments, usually due monthly, resulting in complete payment of the amount borrowed, with interest, by the end of the loan term. A loan has negative amortization when the loan payments do not cover all of the interest due, which then is added to the remaining loan balance.

■ **amortización** El pago de una obligación financiera a plazos; recuperación a través de cierto lapso de tiempo del costo o del valor. Un préstamo amortizado incluye el capital y el interés en pagos aproximadamente iguales, que vencen generalmente cada mes, lo que equivale al pago de el pago completo de la cantidad del prestamo, más los intereses, al concluir el plazo del préstamo. Un préstamo tiene amortización negativa cuando los pagos del préstamo no cubren la totalidad de los intereses vencido, los cuales, entonces, se añaden al saldo pendiente del préstamo.

amortized loan A loan in which the principal as well as the interest is payable in monthly or other periodic installments over the term of the loan.

■ **préstamo amortizado** Un préstamo en el cual el capital como los intereses se pagan, se paga en forma mensual o en algún otro lapso periódico a lo largo del plazo del préstamo.

amount realized on sale The amount of gain, or profit, subject to the income tax.

■ **cantidad realizada al vender** La cantidad de ganancia, o utilidades, sujeta al impuesto sobre la renta *(income tax)*.

annexation An addition to property by the act of joining or uniting one thing to another, as in attaching personal property to real property and thereby creating a fixture. For example, a sink becomes a fixture when it is annexed to the plumbing outlet.

- **anexión, unión** El hecho de agregar o unir una cosa a otra creando una instalación fija o mueble adherido en una propiedad. Por ejemplo, un lavabo se convierte en una instalación fija cuando se le anexa a la plomería de la propiedad.

annual percentage rate (APR) The relationship of the total finance charges associated with a loan. This must be disclosed to borrowers by lenders under the Truth-in-Lending Law.

- **porcentual** La relación de los cargos financieros totales asociados con un préstamo. Deben ser indicados a los prestatarios por los prestamistas de acuerdo con la Ley de Veracidad en los Préstamos *(Truth-in-Lending Law)*.

anticipation The appraisal principle that holds that value can increase or decrease based on the expectation of some future benefit or detriment produced by the property.

- **expectación** El principio en avalúos según el cual el valor de una propiedad puede aumentar o disminuir de acuerdo con la posibilidad que la propiedad sea objeto de algún beneficio o perjuicio.

antitrust laws Laws designed to preserve the free enterprise of the open marketplace by making illegal certain private conspiracies and combinations formed to minimize competition. Most violations of antitrust laws in the real estate business involve either price-fixing (brokers conspiring to set fixed compensation rates) or allocation of customers or markets (brokers agreeing to limit their areas of trade or dealing to certain areas or properties).

- **leyes antimonopolio** Leyes diseñadas para proteger la libre empresa en un mercado abierto haciendo ilícitas ciertas estrategias privadas y a las asociaciones cuyo propósito radica en limitar la competencia. La mayoría de las infracciones contra las leyes antimonopolio en el negocio de los bienes raíces implican, ya sea la fijación concertada de precios (corredores que conspiran con el fin de fijar juntos ciertas tasas de compensación), o la asignación de clientes o mercados (corredores que acuerdan limitar sus zonas de trabajo o la forma de conducir su negocio adentro de ciertas zonas o acerca de ciertas propiedades).

apportionment clause Clause in an insurance policy providing that if the insured is covered by more than one policy, any payments will be apportioned according to the amount of coverage.

- **cláusula de reparto, o prorrateo** Una cláusula en una póliza de seguros que establece que si el asegurado está cubierto por más de una póliza, cualesquiera pagos que se hagan serán prorrateados (repartidos) de acuerdo con la cantidad de la cobertura.

appraisal An estimate of the quantity, quality or value of something. The process through which conclusions of property value are obtained; also refers to the report that sets forth the process of estimation and conclusion of value.

- **avalúo** Un estimado o cálculo de la cantidad, calidad o valor de algo. El proceso a través del cual se obtienen las conclusiones respecto al valor de la propiedad; también se refiere al informe que presenta el proceso del cálculo y la conclusión del valor.

appreciation An increase in the worth or value of a property due to economic or related causes, which may prove to be either temporary or permanent; opposite of depreciation.

- **apreciación, alza** Un incremento en el valor de la propiedad debido a causas económicas o relacionadas con la economía, que pueden resultar temporales o permanentes; lo contrario de la depreciación.

appurtenance A right, privilege or improvement belonging to, and passing with, the land.

- **derecho accesorio, adjunto** Un derecho, privilegio o mejora que pertenece y se traspasa con el terreno.

appurtenant easement An easement that is annexed to the ownership of one parcel and allows the owner the use of the neighbor's land.

- **servidumbre real o accesoria, servidumbre perteneciente** Una servidumbre que está anexada a la propiedad de una parcela de terreno y que le otorga al dueño el uso del terreno del vecino.

area Measure of the floor or ground space within the perimeter of a building or land parcel.

- **zona, área** Medida de espacio en un piso o terreno dentro del perímetro de un edificio o de una parcela de terreno.

ARELLO Association of Real Estate License Law Officials.

- **ARELLO** Siglas de la Asociación Estadounidense de Funcionarios Legales que otorgan las Licencias a los Corredores de Bienes Raíces *(Association of Real Estate License Law Officials)*.

assemblage The combining of two or more adjoining lots into one larger tract to increase their total value.

- **agrupación** El acto de combinar dos o más lotes colindantes para formar un espacio más grande con el fin de aumentar su valor total.

assessment The imposition of a tax, charge or levy, usually according to established rates.

- **tasación fiscal** La imposición de un gravamen, cargo o exacción, que por lo general se rige por las tasas establecidas.

assessor The official responsible for determining assessed values.

- **tasador** El funcionario responsable de la determinación de los valores gravados.

assignment The transfer in writing of interest in a bond, mortgage, lease or other instrument.

- **escritura de cesión, transferencia, asignación** La transferencia por escrito del interés en un bono, en una hipoteca, en un arrendamiento o en algún otro documento.

associate broker A person licensed as a real estate broker who chooses to work under the supervision of another broker.

- **corredor asociado de bienes raíces** Una persona con licencia de corredor de bienes raíces que decide trabajar bajo la supervisión de otro corredor.

assumption of mortgage Acquiring title to property on which there is an existing mortgage and agreeing to be personally liable for the terms and conditions of the mortgage, including payments.

- **asunción de la hipoteca** Adquisición del título de propiedad sobre la cual existe una hipoteca y por el mismo acto estar de acuerdo en ser responsable personalmente de los términos y condiciones de dicha hipoteca, incluyendo los pagos.

attachment The act of taking a person's property into legal custody by writ or other judicial order to hold it available for application to that person's debt to a creditor.

- **embargo** Incautación de la propiedad de una persona para ponerla bajo custodia legal mediante un auto judicial u otro tipo de orden judicial con el fin de mantenerla disponible para que se aplique a la deuda que dicha persona tenga con un acreedor.

attorney-in-fact An agent who has been granted a power of attorney by a principal.

- **apoderado** Un agente a quien el principal le ha otorgado una carta poder.

attorney's opinion of title An abstract of title that an attorney has examined and has certified to be, in his or her opinion. an accurate statement of the facts concerning the property ownership.

- **opinión respecto al título de propiedad por parte de un abogado** Un extracto de un título de propiedad que ha sido examinado y certificado por un abogado, de acuerdo con su propia opinión, como una declaración justa o precisa de los hechos concernientes a la titularidad de la propiedad.

automatic extension A clause in a listing agreement that states that the agreement will continue automatically for a certain period of time after its expiration date. In many states, use of this clause is discouraged or prohibited.

- **extensión automática** Una cláusula en un acuerdo de venta que declara que el acuerdo continuará en forma automática durante cierto plazo de tiempo después de la fecha de caducidad o vencimiento. En muchos estados (de la Unión Americana) se disuade o se prohíbe el uso de esta cláusula.

avulsion The sudden tearing away of land, as by earthquake, flood, volcanic action or the sudden change in the course of a stream.

- **avulsión** La ruptura repentina de la tierra, como la que causa un sismo, una inundación, una acción volcánica o el cambio repentino del curso de un río.

balance The appraisal principle that states that the greatest value in a property will occur when the type and size of the improvements are proportional to each other as well as the land.

- **equilibrio** El principio de avalúo que dice que el mayor valor de una propiedad ocurrirá cuando el tipo y tamaño de las mejoras sean proporcionales a sí mismas y al terreno.

balloon payment A final payment of a mortgage loan that is considerably larger than the required periodic payments because the loan amount was not fully amortized.

- **pago mayor, total (un pago sustancialmente superior a los anteriores)** Un pago final de un préstamo hipotecario que es considerablemente más grande que los pagos periódicos requeridos porque el monto del préstamo no fue completamente amortizado.

bankruptcy A federal court proceeding in which the court takes possession of the assets of an insolvent debtor and sells the nonexempt assets to pay off creditors on a pro rata basis; title to the debtor's assets is held by a trustee in bankruptcy.

- **bancarrota (quiebra)** Un procedimiento en la corte federal en el que la corte toma posesión de los bienes de un deudor insolvente y vende los bienes no exentos con el fin de pagar a los acreedores en forma prorrateada (proporcional); el título sobre los bienes del deudor se retienen por un depositario en bancarrota.

bargain and sale deed A deed that carries with it no warranties against liens or other encumbrances but that does imply that the grantor has the right to convey title. The grantor may add warranties to the deed at his or her discretion.

■ **instrumento formal de compraventa** Una escritura que no contiene garantías contra cargas judiciales o algunos otros gravámenes, pero que sí implica que el donante o concedente tiene el derecho de transferir título. El donante puede añadir garantías al instrumento formal (escritura) de acuerdo con su criterio.

base line The main imaginary line running east and west and crossing a principal meridian at a definite point, used by surveyors for reference in locating and describing land under the rectangular (government) survey system of legal description.

■ **línea base de demarcación** La línea imaginaria principal que corre del este al oeste y que cruza un meridiano principal en un punto definido. Tal línea se utiliza por los agrimensores como referencia en la ubicación y descripción de terrenos de acuerdo con el sistema de agrimensura rectangular (agrimensura catastral del gobierno de los EE.UU.) de terrenos de descripción legal.

basis The financial interest that the Internal Revenue Service attributes to an owner of an investment property for the purpose of determining annual depreciation and gain or loss on the sale of the asset. If a property was acquired by purchase, the owner's basis is the cost of the property plus the value of any capital expenditures for improvements to the property, minus any depreciation allowable or actually taken. This new basis is called the adjusted basis.

■ **base** El interés financiero que el Servicio de Recaudación de Rentas Internas *(Internal Revenue Service)* atribuye a un dueño de una propiedad de inversión con el propósito de determinar una depreciación anual y la ganancia o pérdida realizada con la venta del inmueble. Si una propiedad se adquirió mediante compra, la base del dueño es el costo de la propiedad más el valor de cualquier erogación de capital para las mejoras a la propiedad, menos cualquier depreciación permitida o que, de hecho, haya ocurrido. Esta nueva base recibe el nombre de base ajustada.

bench mark A permanent reference mark or point established for use by surveyors in measuring differences in elevation.

■ **hito** Una marca de referencia permanente o punto establecido para el uso de los agrimensores cuando miden diferencias en la elevación.

beneficiary (1) The person for whom a trust operates or in whose behalf the income from a trust estate is drawn. (2) A lender in a deed of trust loan transaction.

■ **beneficiario** (1) La persona para cuyo beneficio opera un fideicomiso, o en cuyo nombre se hacen los retiros de los ingresos de un inmueble. (2) Un prestamista en una transacción de préstamo en una escritura fiduciaria.

bilateral contract *See* contract.

■ **contrato bilateral** *Véase* contrato.

binder An agreement that may accompany an earnest money deposit for the purchase of real property as evidence of the purchaser's good faith and intent to complete the transaction.

■ **resguardo provisional** Un acuerdo o contrato que puede acompañar a un depósito de dinero en garantía para la adquisición de un inmueble como muestra evidencial de la buena fe del comprador y de su intención de completar la transacción.

blanket loan A mortgage covering more than one parcel of real estate, providing for each parcel's partial release from the mortgage lien upon repayment of a definite portion of the debt.

■ **préstamo global** Una hipoteca que cubre más de una sola parcela de bienes raíces, en la que hay una estipulación para la liberación parcial de cada parcela del derecho preferencial sobre la hipoteca tras el pago de una porción definida de la deuda.

blockbusting The illegal practice of inducing homeowners to sell their properties by making representations regarding the entry or prospective entry of persons of a particular race or national origin into the neighborhood.

■ **"rompe cuadras"** La práctica ilegal de inducir a los dueños de un inmueble a vender su propiedad argumentando el arribo, o el arribo probable al barrio, de personas de una raza en particular o de un cierto origen nacional.

blue-sky laws Common name for those state and federal laws that regulate the registration and sale of investment securities.

■ **leyes "cielo azul"** Nombre común que reciben las leyes estatales y federales que rigen el registro y la venta de valores para inversión *(investment securities)*.

book value The current value for accounting purposes of an asset expressed as original cost plus capital additions minus accumulated depreciation.

- **valor en libros** El valor actual, para fines contables, de un activo expresado como su costo original más las adiciones de capital, menos la depreciación acumulada.

boot Money or property given to make up any difference in value or equity between two properties in an exchange.

- **"boot" (provecho)** Dinero o propiedad dados para compensar cualquier diferencia en el valor o título *(equity)* entre dos propiedades en un intercambio.

branch office A secondary place of business apart from the principal or main office from which real estate business is conducted. A branch office usually must be run by a licensed real estate broker working on behalf of the broker.

- **sucursal** Un despacho u oficina de negocios, secundario, independiente de la casa matriz u oficina central, desde el cual se llevan a cabo transacciones de bienes raíces. Por lo general, una sucursal tiene que ser dirigida y administrada por un corredor titulado en bienes raíces que trabaja en representación del corredor dueño de la compañía de bienes raíces.

breach of contract Violation of any terms or conditions in a contract without legal excuse; for example, failure to make a payment when it is due.

- **incumplimiento de contrato** Violación de cualquier término o condición en un contrato sin excusa legal; por ejemplo, no hacer un pago antes del vencimiento del plazo.

broker One who acts as an intermediary on behalf of others for a fee or commission.

- **corredor de bienes raíces** Una persona que actúa como intermediario a nombre de otras por una cuota o comisión.

broker protection clause A provision of a listing agreement that provides for the payment of a broker's commission if within a certain period after the listing expires, the owner transacts business with a contact made through the broker.

- **cláusula de protección del corredor de bienes raíces** Una estipulación en un contrato "de venta" con un corredor de bienes raíces que establece el pago de la comisión del agente si, dentro de un plazo predeterminado después de que el contrato haya vencido, el dueño realiza la transacción del negocio con alguna persona que fue contactada a través del agente o corredor.

broker-salesperson A person who has passed the broker's licensing examination but works on behalf of another broker.

- **vendedor(a)-corredor(a) de bienes raíces** Una persona que ha pasado el examen de licencia para ser corredor de bienes raíces, pero que trabaja a nombre de otro corredor.

brokerage The bringing together of parties interested in making a real estate transaction.

- **corretaje** El reunir a las partes interesadas en la realización de una transacción de un inmueble.

buffer zone A strip of land, usually used as a park or designated for a similar use, separating land dedicated to one use from land dedicated to another use (e.g., residential from commercial).

- **zona intermedia** Una franja de terreno, que generalmente se usa como un parque o que se asigna a un uso similar, y que separa a un terreno dedicado a un cierto uso de otro con un uso distinto (v.gr., una zona residencial de una zona industrial).

building code An ordinance that specifies minimum standards of construction for buildings to protect public safety and health.

- **código de edificación (normas de construcción)** Una ordenanza que especifica las normas mínimas de la construcción de edificaciones con el fin de proteger la seguridad y la salud públicas.

building permit Written governmental permission for the construction, alteration or demolition of an improvement, showing compliance with building codes and zoning ordinances.

■ **permiso de edificación** Un permiso gubernamental por escrito para la construcción, alteración, demolición de una mejora, en el cual se muestra el cumplimiento de los códigos de edificación y de las ordenanzas zonales.

bulk transfer *See* Uniform Commercial Code.

■ **transferencia total** *Véase* Código Comercial Uniforme.

bundle of legal rights The concept of land ownership that includes ownership of all legal rights to the land—for example, possession, control within the law and enjoyment.

■ **conjunto de derechos legales** El concepto según el cual el ser propietario de un terreno implica ser dueño de todos los derechos legales respecto al mismo—por ejemplo, posesión, dominio (control) de acuerdo con la ley, y goce del mismo.

business cycle Upward and downward fluctuations in business activity through the stages of expansion, recession, depression and revival.

■ **ciclo comercial** Altibajos en los negocios, en los que alternan etapas de expansión, recesión, depresión y reactivación.

buydown A financing technique used to reduce the monthly payments for the first few years of a loan. Funds in the form of discount points are given to the lender by the builder or seller to buy down or lower the effective interest rate paid by the buyer, thus reducing the monthly payments for a set time.

■ **descuento de intereses "buydown"** Una técnica financiera utilizada para reducir los pagos mensuales durante los primeros años de un préstamo. Se dan fondos, en forma de puntos de descuento, al prestamista por parte del constructor o vendedor para descontar los intereses, o bajar la tasa de interés efectiva (real) que pagará el comprador, reduciendo de esta forma las mensualidades durante un tiempo determinado.

buyer-agency agreement A principal-agent relationship in which the broker is the agent for the buyer, with fiduciary responsibilities to the buyer. The broker represents the buyer under the law of agency.

■ **contrato (acuerdo) de agencia con comprador** Una relación de principal y agente en la que el corredor de bienes raíces se convierte en el agente para el comprador, con responsabilidades fiduciarias ante el comprador. De acuerdo con las leyes que rigen la "Agencia", el corredor representa al comprador.

buyer's broker A licensee who has declared to represent only the buyer in a transaction, regardless of whether compensation is paid by the buyer or the listing broker through a commission split. Some brokers conduct their business by representing buyers only.

■ **corredor por parte del comprador** Un corredor con licencia que ha declarado representar exclusivamente al comprador en una transacción, independientemente de que la compensación se pague por el comprador o por el corredor que hizo el contrato de venta mediante una división de la comisión. Algunos corredores realizan su negocio representando exclusivamente a compradores.

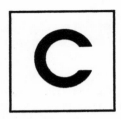

capital gain Profit earned from the sale of an asset.

- **ganancia de capital** Utilidad devengada por la venta de un activo.

capitalization A mathematical process for estimating the value of a property using a proper rate of return on the investment and the annual net operating income expected to be produced by the property. The formula is expressed as:

$$\frac{\text{Income}}{\text{Rate}} = \text{Value}$$

- **capitalización** Un procedimiento matemático para calcular el valor de una propiedad utilizando una tasa anual apropiada de rentabilidad en la inversión y el ingreso operativo neto anual, que se espera sea producido por la propiedad. La fórmula se expresa como:

$$\frac{\text{Ingreso}}{\text{Tasa}} = \text{Valor}$$

capitalization rate The rate of return a property will produce on the owner's investment.

- **tasa de capitalización** La tasa de rentabilidad que una propiedad producirá con respecto a la inversión que realizó el dueño.

capitalization recapture The return of an investment; an amortization rate based on the right of the investor to get back the purchase price at the end of the term of ownership or over the productive life of the improvements; computed by straight-line depreciation, by using Inwood tables or Hoskold tables. [Students should refer to a real estate appraisal text for further explanation.]

- **recaptura de la capitalización** La rentabilidad de una inversión; una tasa de amortización basada en el derecho del inversionista de recuperar el precio de compra al final del plazo de su titularidad, o a lo largo de la vida productiva de las mejoras; calculada mediante una depreciación en línea directa, utilizando las tablas Inwood o las tablas Hoskold. [Los estudiantes deberán consultar un texto de avalúos de bienes raíces para ver explicaciones más detalladas.]

cash flow The net spendable income from an investment, determined by deducting all operating and fixed expenses from the gross income. When expenses exceed income, a negative cash flow results.

- **flujo de efectivo** El ingreso neto agotable de una inversión que se determina restando de los ingresos brutos todos los gastos fijos y de operación. Cuando los gastos exceden a los ingresos, se produce un flujo negativo de efectivo.

cash rent In an agricultural lease, the amount of money given as rent to the landowner at the outset of the lease, as opposed to sharecropping.

- **renta en efectivo** En un arrendamiento (alquiler) agrícola, es la cantidad de dinero dada como renta al terrateniente al inicio del arrendamiento, a diferencia de la aparcería.

caveat emptor A Latin phrase meaning "Let the buyer beware."

- **caveat emptor** Un adagio latino que significa: "Que tengan cuidado los compradores".

CC&Rs Covenants, conditions and restrictions; limitations on land use imposed by deed, usually when the land is subdivided, as a means of regulating building construction, density and use for the benefit of other property owners; may be referred to simply as restrictions.

- **CC&Rs** Siglas inglesas para convenios, condiciones y restricciones; limitaciones respecto al uso de la propiedad impuestas por un instrumento formal, generalmente cuando el terreno se subdivide. Se usa como una forma de reglamentar la construcción de edificios, la densidad y el uso para el beneficio de los dueños de otras propiedades. Se les puede llamar simplemente restricciones.

certificate of reasonable value (CRV) A form indicating the appraised value of a property being financed with a VA loan.

- **certificado de valor razonable** Una forma de indicar el valor de avalúo de una propiedad que está siendo financiada a través de un préstamo de la Administración de Veteranos *(VA)*.

certificate of redemption Issued by the county tax collector when all past due amounts have been paid.

- **certificado de redimición** Emitido por el recaudador de impuestos del condado cuando han sido pagados todos los montos adeudados.

certificate of sale The document generally given to the purchaser at a tax foreclosure sale. A certificate of sale does not convey title; normally it is an instrument certifying that the holder received title to the property after the redemption period passed and that the holder paid the property taxes for that interim period.

- **certificado de venta** El documento que generalmente se da al comprador al momento de la venta por ejecución fiscal *(tax foreclosure)*. Un certificado de venta no transfiere título de propiedad; normalmente se trata de un instrumento que certifica que el tenedor recibió título de la propiedad después de que ya pasó el plazo de redimición y de que el tenedor ya pagó los impuestos sobre la propiedad correspondientes a ese plazo interino.

certificate of title A statement of opinion on the status of the title to a parcel of real property based on an examination of specified public records.

- **certificado de título (título de propiedad)** Una afirmación de una opinión sobre la situación del título de propiedad de una parcela de terreno basada en el examen de ciertos expedientes públicos.

chain of title The succession of conveyances, from some accepted starting point, whereby the present holder of real property derives title.

■ **cadena de título** La sucesión de las transferencias en orden consecutivo, a partir de un punto inicial aceptado, mediante la cual el tenedor actual del inmueble deriva su título de propiedad.

change The appraisal principle that holds that no physical or economic condition remains constant.

■ **cambio** El principio de avalúo que dice que ninguna condición física o económica permanece constante.

channeling The illegal practice of directing people to, or away from, certain areas or neighborhoods because of minority status; steering.

■ **canalización** La práctica ilegal de dirigir a las personas hacia, o de alejarlas de, ciertas zonas o barrios debido a su situación de minoría; conducción *(steering)*.

chattel *See* personal property.

■ **bienes muebles y enseres** *Véase* propiedad personal.

Civil Rights Act of 1866 An act that prohibits racial discrimination in the sale and rental of housing.

■ **Ley de Derechos Civiles de 1866** Una ley federal que prohíbe la discriminación racial en la venta y alquiler de viviendas.

closing The completion of a real estate transaction, at which point required documents are transmitted and funds are transferred.

■ **cierre** La consumación de una transacción sobre un bien raíz, durante la cual se transmiten los documentos requeridos y se transfieren los fondos.

closing statement A detailed cash accounting of a real estate transaction showing all cash received, all charges and credits made and all cash paid out in the transaction.

■ **declaración de cierre** Una contabilidad detallada del efectivo respecto a una transacción sobre un bien raíz en que se muestra todo el efectivo recibido, todos los cargos y créditos realizados y todo el efectivo pagado durante la transacción.

cloud on title Any document, claim, unreleased lien or encumbrance that may impair the title to real property or make the title doubtful; usually revealed by a title search and removed by either a quitclaim deed or suit to quiet title.

■ **duda en el título "cloud on title"** Cualquier documento, reclamación, privilegio o gravamen no liberado que pueda perjudicar el título sobre un inmueble o hacer que el título sea dudoso; generalmente esto se descubre durante la búsqueda (investigación) del título y se quita ya sea mediante un acto de renuncia o una petición para obtener título pleno *(suit to quiet title)*.

clustering The grouping of homesites within a subdivision on smaller lots than normal, with the remaining land used as common areas.

■ **densidad de construcción** El agrupamiento de los asentamientos de casas dentro de una subdivisión en lotes más pequeños que lo normal, dejando el resto del terreno para usarse como áreas comunes.

coastal zone An area of about 1,800 square miles that runs the length of the state from the sea inland about 1,000 yards, with wider spots in coastal estuarine, habitat and recreational areas; any development or improvement of land within the coastal zone must meet local requirements for coastal conservation and preservation of resources, as authorized by the Coastal Zone Conservation Act.

■ **zona costera** Una zona de aproximadamente 1,800 millas cuadradas (4,662 m^2) que corre a lo largo del estado desde el mar hacia el interior aproximadamente unas 1,000 yardas (914 m), con puntos más amplios en los estuarios costeros, en el hábitat y en zonas recreativas; cualquier desarrollo o mejora del terreno dentro de la zona costera tiene que cumplir con los requisitos locales conforme a la conservación de la costa y a la preservación de sus recursos, de acuerdo con lo autorizado por la Ley de Conservación de la Zona Costera *(Coastal Zone Conservation Act)*.

code of ethics A written system of standards for ethical conduct.

■ **código ético** Un sistema escrito acerca de las normas de conducta ética.

codicil A supplement or an addition to a will, executed with the same formalities as a will, that normally does not revoke the entire will.

- **codicilo testamentario** Un suplemento o adición a un testamento, efectuado con las mismas formalidades que el testamento en sí, y que normalmente no revoca todo el testamento.

coinsurance clause A clause in insurance policies covering real property that requires the policyholder to maintain fire insurance coverage generally equal to at least 80% of the property's actual replacement cost.

- **cláusula de coaseguro** Cláusula por medio de la cual se protege un inmueble requiriendo del asegurado mantenga una cobertura de seguro contra incendio que generalmente debe ser de por lo menos 80% del costo real de reemplazo de la propiedad.

color of title A claim of possession to real property based on a document erroneously appearing to convey title to the claimant.

- **título aparente** Declaración de que se posee un inmueble, basada en un documento en el que aparentemente, pero en forma errónea, se transmite el título de propiedad al declarante.

commingling The illegal act by a real estate broker of placing client or customer funds with personal funds. By law brokers are required to maintain a separate trust or escrow account for other parties' funds held temporarily by the broker.

- **mezcla de bienes** El acto ilegal de un corredor de bienes raíces mediante el cual coloca los fondos del cliente en fondos personales. De acuerdo con la ley, los corredores están obligados a mantener una cuenta de fideicomiso o de plica por separado, para que los fondos de terceros se mantengan allí en forma temporal por el corredor.

commission Payment to a broker for services rendered, such as in the sale or purchase of real property; usually a percentage of the selling price of the property.

- **comisión** El pago que se le hace a un corredor por los servicios que realice, tales como la venta o la compra de un bien raíz. Por lo general se trata de un porcentaje del precio de venta de la propiedad.

common elements Parts of a property that are necessary or convenient to the existence, maintenance and safety of a condominium or are normally in common use by all of the condominium residents. Each condominium owner has an undivided ownership interest in the common elements.

■ **elementos comunes** Partes de una propiedad que son necesarios o convenientes para la existencia, mantenimiento y seguridad de un condominio, o que normalmente se hallan en uso común por todos los residentes de un condominio. Cada dueño de un condominio tiene un interés de propietario indivisible respecto a los elementos comunes.

common law The body of law based on custom, usage and court decisions.

■ **derecho consuetudinario** El conjunto de leyes basadas en las costumbres, usos y decisiones de los tribunales.

community property A system of property ownership based on the theory that each spouse has an equal interest in the property acquired by the efforts of either spouse during marriage. A holdover of Spanish law found predominantly in western states; the system was unknown under English common law.

■ **propiedad mancomunada** Un sistema de titularidad sobre propiedad basada en la teoría de que cada cónyuge tiene un interés igual en la propiedad adquirida por los esfuerzos de cualquiera de los cónyuges durante el matrimonio. Un residuo de las leyes de España que se encuentra principalmente en los estados del oeste; el sistema era desconocido bajo el derecho consuetudinario de Inglaterra.

community property right of survivorship A declaration made by husband and wife that community property will go to the survivor upon the death of one party; eliminates probate.

■ **derecho de supervivencia sobre la propiedad mancomunada** Una declaración que realizan el esposo y la esposa en que dicen que la propiedad mancomunada pasará a ser propiedad del superviviente después del fallecimiento de una de las partes; elimina el procedimiento testamentario.

Community Reinvestment Act The federal law that requires federally regulated lenders to describe the geographical market area they serve. Deposits from that area are to be reinvested in that area whenever practical.

- **Ley de Reinversión en la Comunidad** La ley federal que obliga a los prestamistas regidos por el sistema federal a que describan el área del mercado geográfico que ellos sirven. Los depósitos provenientes de esa área deberán ser reinvertidos en esa misma área cuando esto resulte práctico.

comparables Properties used in an appraisal report that are substantially equivalent to the subject property.

- **comparables** Propiedades listadas en un informe de avalúo que son prácticamente equivalentes a la propiedad en cuestión.

competition The appraisal principle that states that excess profits generate competition.

- **competencia** El principio de avalúo que dice que las ganancias excesivas generan la competencia.

competitive market analysis (CMA) A comparison of the prices of recently sold homes that are similar to a listing seller's home in terms of location, style and amenities.

- **análisis del mercado competitivo** Una comparación de los precios de las viviendas (casas) que se vendieron recientemente y que son similares a la vivienda que ofrece el vendedor, referente a su ubicación, estilo y atractivos.

compound interest Interest paid on original principal and also on the accrued and unpaid interest that has accumulated as the debt matures.

- **interés compuesto** El interés pagado sobre el monto original y también sobre los intereses devengados que no se han pagado, pero que sí se han acumulado durante el tiempo en que madura la deuda.

comprehensive plan *See* master plan.

- **plan completo** *Véase* plan urbano maestro.

condemnation A judicial or administrative proceeding to exercise the power of eminent domain, through which a government agency takes private property for public use and compensates the owner.

■ **expropiación** Un procedimiento judicial o administrativo para ejercer el poder de dominio eminente, a través del cual una institución gubernamental toma una propiedad para un uso público tras la compensación al dueño.

condition precedent A qualification of a contract or transfer of property providing that unless and until the performance of a certain act, the contract or transfer will not take effect.

■ **condición precedente** Una condición en un contrato o transmisión de propiedad que estipula que hasta que se lleve a cabo cierto acto, el contrato o transmisión no surtirá efecto.

condition subsequent A stipulation in a contract or transfer of property that already has taken effect that will extinguish the contract or defeat the property transfer.

■ **condición subsecuente** Una estipulación en un contrato o transferencia de propiedad que establece que extinguirá al contrato o que anulará la transferencia de la propiedad.

conditional-use permit Written governmental permission allowing a use inconsistent with zoning but necessary for the common good, such as locating an emergency medical facility in a predominantly residential area.

■ **permiso de uso condicional** Permiso gubernamental por escrito que concede un uso inconsistente con la zona, pero que resulta necesario para el bien común, como el ubicar una instalación médica de emergencia en una zona predominantemente residencial.

condominium The absolute ownership of a unit in a multiunit building based on a legal description of the airspace the unit actually occupies, plus an undivided interest in the ownership of the common elements, which are owned jointly with the other condominium unit owners.

■ **condominio** La titularidad absoluta de una unidad en un edificio de múltiples unidades, basada en la descripción legal del espacio aéreo que de hecho ocupa la unidad, más un interés no dividido en la titularidad de los elementos comunes, que son propiedad mancomunada con los otros dueños de las unidades en condominio.

confession of judgment clause Permits judgment to be entered against a debtor without the creditor's having to institute legal proceedings.

■ **cláusula de allanamiento a la demanda** Permite que se registre una sentencia contra un deudor sin que el acreedor tenga que entablar un procedimiento legal.

conformity The appraisal principle that holds that the greater the similarity among properties in an area, the better they will hold their value.

■ **conformidad** El principio de avalúo que dice que entre más similaridad haya entre las propiedades en una zona, éstas mantendrán mejor su valor.

consideration (1) That received by the grantor in exchange for his or her deed. (2) Something of value that induces a person to enter into a contract.

■ **consideración** (1) La que recibe el otorgante a cambio de su acto o hecho. (2) Algo que tiene valor y que induce a una persona a celebrar un contrato.

construction loan *See* interim financing.

■ **préstamo para construcción** *Véase* financiamiento provisorio.

constructive eviction Actions of a landlord that so materially disturb or impair a tenant's enjoyment of the leased premises that the tenant is effectively forced to move out and terminate the lease without liability for any further rent.

■ **desalojo implícito** Actos de un terrateniente o arrendador que perturban o deterioran el goce material del inquilino respecto al local alquilado a tal grado, que el inquilino, de hecho, se ve forzado a mudarse y a dar por terminado el arrendamiento sin responsabilidad alguna respecto a ninguna renta futura.

constructive notice Notice given to the world by recorded documents. All people are charged with knowledge of such documents and their contents, whether or not they have actually examined them. Possession of property is also considered constructive notice that the person in possession has an interest in the property.

■ **notificación presunta** Notificación dada al mundo a través de documentos registrados. Se supone que toda la gente tiene conocimiento de tales documentos y de su contenido, los hayan o no examinado de hecho. La posesión de la propiedad también se considera como una notificación presunta de que la persona que tiene la posesión tiene un interés en la propiedad.

contingency A provision in a contract that requires a certain act to be done or a certain event to occur before the contract becomes binding.

■ **contingencia** Una estipulación en un contrato que requiere que se realice un acto o que suceda un determinado evento ántes de que el contrato pase a ser obligatorio.

contract A legally enforceable promise or set of promises that must be performed and for which, if a breach of the promise occurs, the law provides a remedy. A contract may be either unilateral, by which only one party is bound to act, or bilateral, by which all parties to the instrument are legally bound to act as prescribed.

■ **contrato** Una promesa o conjunto de promesas que se puede(n) hacer valer legalmente y que tiene(n) que realizarse; y respecto a las cuales, si llegase a ocurrir un incumplimiento, la ley estipula un remedio. Un contrato puede ser unilateral, mediante el cual sólo una de las partes queda obligada a actuar, o bilateral, mediante el cual todas las partes contratantes en el instrumento quedan legalmente obligadas a actuar como se prescribe.

contribution The appraisal principle that states that the value of any component of a property is what it gives to the value of the whole or what its absence detracts from that value.

■ **contribución** El principio de avalúo que dice que el valor de cualquier componente de una propiedad es lo que le da el valor a la totalidad, o lo que su ausencia disminuye de ese valor.

conventional loan A loan that requires no insurance or guarantee.

■ **préstamo convencional** Un préstamo que no requiere seguro o garantía (prenda).

conveyance A term used to refer to any document that transfers title to real property. The term is also used in describing the act of transferring.

■ **cesión de derechos** Un término utilizado para referirse a cualquier documento que otorga al propietario de un bien raíz el gozo efectivo de éste. El término también se usa para describir el acto mismo de la transferencia.

cooperating broker *See* listing broker.

■ **corredor de bienes raíces en cooperación** *Véase* corredor (agente) de ventas.

cooperative A residential multiunit building whose title is held by a trust or corporation that is owned by and operated for the benefit of persons living within the building, who are the beneficial owners of the trust or stockholders of the corporation, each possessing a proprietary lease.

■ **cooperativa** Un edificio de varias unidades residenciales cuyo título está en poder de un fideicomiso o una asociación de inquilinos conformada por las personas que viven dentro del edificio, las cuales administran dicho fideicomiso, para su propio beneficio. Tales personas son los propietarios beneficiarios del fideicomiso o los accionistas de la corporación, cada una de ellas en posesión de una locación propietaria (derecho de propiedad o dominio).

co-ownership Title ownership held by two or more persons.

■ **copropiedad o co-dominio** Propiedad de un título que está a nombre de dos o más personas.

corporation An entity or organization, created by operation of law, whose rights of doing business are essentially the same as those of an individual. The entity has continuous existence until it is dissolved according to legal procedures.

■ **corporación** Una entidad u organización, legalmente constituida, cuyos derechos para hacer negocios son esencialmente los mismos que los de un individuo. La entidad tiene una existencia continua hasta que sea disuelta de acuerdo con los procedimientos legales.

corporeal right A tangible interest in real estate.

■ **derecho tangible** Un interés tangible en un inmueble.

correction lines Provisions in the rectangular survey (government survey) system made to compensate for the curvature of the earth's surface. Every fourth township line (at 20 mile intervals) is used as a correction line on which the intervals between the north and south range lines are remeasured and corrected to a full 6 miles.

■ **líneas de corrección** Estipulaciones en el sistema de agrimensura rectangular (agrimensura catastral del gobierno) establecidas para compensar la curvatura de la superficie de la Tierra. Cada cuarta línea de un distrito municipal (a intervalos de 20 millas) se usa como línea de corrección sobre la cual los intervalos entre las líneas de alcance norte y sur se vuelven a medir y se corrigen a un tamaño de seis millas completas.

cost approach The process of estimating the value of a property by adding to the estimated land value the appraiser's estimate of the reproduction or replacement cost of the building, less depreciation.

■ **aproximación de costo** El proceso de calcular el valor de una propiedad sumando, al valor calculado del terreno, el cálculo del tasador de lo que costaría reproducir o reemplazar la edificación, menos la depreciación.

cost recovery An Internal Revenue Service term for depreciation.

■ **recuperación del costo** Un término utilizado por el Servicio de Recolección de Rentas Internas *(Internal Revenue Service)* para la depreciación.

counteroffer A new offer made in response to an offer received. It has the effect of rejecting the original offer, which cannot be accepted thereafter unless revived by the offeror.

■ **contraoferta** Una nueva oferta hecha como respuesta a una oferta recibida. Produce el efecto de rechazar la oferta original, la cual no se puede volver a aceptar, a no ser que el ofertante la presente otra vez.

covenant A written agreement between two or more parties in which a party or parties pledge to perform or not perform specified acts with regard to property; usually found in such real estate documents as deeds, mortgages, leases and contracts for deed.

■ **convenio** Un acuerdo por escrito entre dos partes o más mediante el cual, una de las partes o varias de ellas, promete(n) realizar o no, determinados actos con respecto a la propiedad;

usualmente se le encuentra en documentos sobre bienes raíces como las escrituras públicas, las hipotecas, los alquileres o arrendamientos y contratos de actos formales.

covenant of quiet enjoyment The covenant implied by law by which a landlord guarantees that a tenant may take possession of leased premises and that the landlord will not interfere in the tenant's possession or use of the property.

- **pacto de goce pacífico** El pacto implícito por ley mediante el cual el terrateniente o arrendador garantiza que un arrendatario puede tomar posesión del local alquilado y que el arrendador no interferirá en la posesión o uso de la propiedad.

credit On a closing statement, an amount entered in a person's favor— either an amount the party has paid or an amount for which the party must be reimbursed.

- **crédito** En un balance final, cantidad a favor de una persona— ya sea por una cantidad que dicha persona ha pagado, o por una cantidad que deberá ser reembolsada a dicha persona.

curtesy A life estate, usually a fractional interest, given by some states to the surviving husband in real estate owned by his deceased wife. Most states have abolished curtesy.

- **derecho del marido sobre la propiedad de la esposa, al fallecimiento de ésta** Un derecho sobre inmuebles durante la vida del derechohabiente, usualmente un interés fraccionario, dado por algunos Estados al esposo supérstite respecto a un inmueble que fue propiedad de su difunta esposa. La mayoría de los Estados han prohibido este derecho.

datum A horizontal plane from which heights and depths are measured.

- **plano de referencia** El plano horizontal a partir del cual se mide la altura y la profundidad.

debit On a closing statement, an amount charged; that is, an amount that the debited party must pay.

- **débito** Una cantidad cargada en el balance final de la operación; es decir, una cantidad que debe pagarse por la parte deudora (la que recibe el débito).

decedent A person who has died.

- **difunto** Una persona que ha fallecido.

dedication The voluntary transfer of private property by its owner to the public for some public use, such as for streets or schools.

- **dedicación pública** La transferencia voluntaria, hecha por el dueño de una propiedad privada, a la propiedad pública, con el fin de destinarla a algún uso público, por ejemplo, calles o escuelas.

deed A written instrument that, when executed and delivered, conveys title to or an interest in real estate.

- **escritura de propiedad inmobiliaria (traslado de dominio)** Un instrumento escrito que, cuando se ejecuta y se entrega, transfiere el título de propiedad o un interés en un inmueble.

deed in lieu of foreclosure A deed given by the mortgagor to the mortgagee when the mortgagor is in default under the terms of the mortgage. This is a way for the mortgagor to avoid foreclosure.

- **escritura de propiedad inmobiliaria en lugar de juicio hipotecario** Una escritura de propiedad dada por el deudor hipotecario al acreedor hipotecario cuando el primero no cumple con sus obligaciones bajo los términos de la hipoteca. Esta es una manera mediante la cual el deudor puede evitar el juicio hipotecario.

deed in trust An instrument that grants a trustee under a land trust full power to sell, mortgage and subdivide a parcel of real estate. The beneficiary controls the trustee's use of these powers under the provisions of the trust agreement.

- **escritura de propiedad inmobiliaria en fideicomiso** Un instrumento que otorga plenos poderes a un fideicomisario para vender, hipotecar o subdividir una parcela de un inmueble en fideicomiso. El beneficiario controla el ejercicio de esos poderes por el fideicomisario mediante las disposiciones establecidas en el contrato de fideicomiso.

deed of trust *See* trust deed.

- **escritura de fideicomiso** *Véase* escritura fiduciaria.

deed of trust lien *See* trust deed lien.

- **gravamen en escritura de fideicomiso** *Véase* gravamen en escritura fiduciaria.

deed restrictions Clauses in a deed limiting the future uses of the property. Deed restrictions may impose a vast variety of limitations and conditions—for example, they may limit the density of buildings, dictate the types of structures that can be erected or prevent buildings from being used for specific purposes or even from being used at all.

- **limitaciones por escritura** Cláusulas en una escritura de propiedad inmobiliaria que limitan el uso futuro de la propiedad. Las restricciones de la escritura de propiedad inmobiliaria pueden imponer una vasta variedad de limitaciones y condiciones—por ejemplo, pueden limitar el número de edificios, los tipos de estructuras que pueden erigirse o prevenir que los edificios sean destinados a ciertos propósitos o hasta prohibir totalmente su uso.

default The nonperformance of a duty, whether arising under a contract or otherwise; failure to meet an obligation when due.

■ **incumplimiento** El incumplimiento de una obligación, ya sea contractual o de otro tipo; falta de cumplimiento de una obligación en el tiempo acordado.

defeasance clause A clause used in leases and mortgages that cancels a specified right upon the occurrence of a certain condition, such as cancellation of a mortgage upon repayment of the mortgage loan.

■ **cláusula resolutoria** Cláusula empleada en arrendamientos (alquileres) e hipotecas que cancela un derecho especificado al ocurrir una cierta condición, como la cancelación de una hipoteca tras la liquidación del préstamo hipotecario.

defeasible fee estate An estate in which the holder has a fee simple title that may be divested upon the occurrence or nonoccurrence of a specified event. There are two categories of defeasible fee estates: fee simple on condition precedent (fee simple determinable) and fee simple on condition subsequent.

■ **inmueble bajo derecho pleno de dominio contingente** Un inmueble en el que el dueño tiene un título de propiedad con derecho pleno de dominio del que puede ser desposeído al ocurrir o no un evento especificado. Hay dos categorías de inmuebles bajo derecho pleno de dominio contingente: derecho pleno de dominio bajo condición precedente (derecho pleno de dominio determinable) y derecho pleno de domino bajo condición subsecuente.

deficiency judgment A personal judgment levied against the borrower when a foreclosure sale does not produce sufficient funds to pay the mortgage debt in full.

■ **juicio por carencia/sentencia por deficiencia** Una sentencia que impone obligaciones personales al prestatario cuando la venta de la propiedad hipotecada no produce fondos suficientes para pagar la totalidad de la hipoteca.

delivery and acceptance The actual transfer of the deed, or an act of a seller showing intent to make a deed effective, without which there is no transfer of title to the property.

■ **entrega y aceptación** El acto en sí del traslado del título de propiedad, o el acto de un vendedor que muestre el intento de hacer válido un traslado de dicho título, sin el cual no existiría la transferencia del título de propiedad.

demand The amount of goods people are willing and able to buy at a given price; often coupled with supply.

■ **demanda** La cantidad de bienes que el público está dispuesto a, y es capaz de, comprar a un precio dado; acoplada a menudo con oferta.

density zoning Zoning ordinances that restrict the maximum average number of houses per acre that may be built within a particular area, generally a subdivision.

■ **densidad zonal** Ordenanzas zonales que restringen el máximo número promedio de casas que pueden construirse por acre en una área en particular, generalmente en una subdivisión.

Department of Housing and Urban Development (HUD) Federal agency that administers the Fair Housing Act of 1968.

■ **Departamento de la Vivienda y del Desarrollo Urbano (HUD)** Agencia federal que administra la Ley de *Fair Housing* (Igualdad en todo lo relacionado a la adquisición de viviendas) de 1968.

depreciated costs The value of a property after deducting an allowance for deprecation.

■ **costos depreciados** El valor de una propiedad después de restarle una cantidad por depreciación.

depreciation (1) In appraisal, a loss of value in property due to any cause, including physical deterioration, functional obsolescence and external obsolescence. (2) In real estate investment, an expense deduction for tax purposes taken over the period of ownership of income property.

■ **depreciación** (1) En avalúos, es una pérdida de valor en la propiedad debida a cualquier causa, incluyendo deterioro físico, obsolescencia funcional y obsolescencia externa. (2) En inversiones de bienes raíces, es un gasto deducible de los impuestos que se toma durante el período de posesión de la propiedad que genera ingresos.

descent Acquisition of an estate by inheritance in which an heir succeeds to the property by operation of law.

■ **sucesión** Adquisición de una propiedad por herencia en la cual el sucesor hereda por ley (de oficio).

developer One who attempts to put land to its most profitable use through the construction of improvements.

- **urbanizador (constructor)** El que intenta obtener el mayor beneficio posible de un terreno mediante la construcción de mejoras.

devise A gift of real property by will. The donor is the devisor, and the recipient is the devisee.

- **legado** La donación de un bien raíz por medio de un testamento. El donador es el legador y el receptor es el legatario.

discount point A unit of measurement used for various loan charges; one point equals 1% of the amount of the loan.

- **punto de descuento** Unidad de medida empleada para incluir varios cargos en los préstamos; un punto es igual al 1% de la cantidad del préstamo.

discount rate Interest rate charged member banks by Federal Reserve Banks.

- **tasa de descuento** Tasa de interés que los Bancos de la Reserva Federal cargan a los bancos afiliados.

doctrine of relation back Irrevocable deposit of the executed deed, purchase money and instructions into escrow pending performance of escrow conditions.

- **doctrina jurídica de efecto retroactivo** Depósito irrevocable del traslado del título de propiedad ejecutado, dinero de la compra e instrucciones en plica, en espera de que las condiciones de plica se lleven a cabo.

documentary transfer tax A tax applied on all transfers of real property located in a county that the county is authorized by the state to collect; notice of payment is entered on the face of the deed or on a separate paper filed with the deed.

- **impuesto de transferencia documentario** El impuesto que se aplica en todas las transferencias de bienes raíces localizadas en un condado que cuenta con autorización del estado para cargarlo; la nota de pago se coloca en la portada del título de propiedad o se presenta en hoja aparte junto con dicho título.

dominant tenement A property that includes in its ownership the appurtenant right to use an easement over another person's property for a specific purpose.

■ **bien raíz dominante** La propiedad que incluye en su posesión el derecho adjunto de usar la servidumbre de la propiedad de otra persona para un propósito específico.

dower The legal right or interest, recognized in some states, that a wife acquires in the property her husband held or acquired during their marriage. During the husband's lifetime the right is only a possibility of an interest; upon his death it can become an interest in land.

■ **viudedad (dote)** El derecho legal o el interés, reconocido en algunos estados, que una esposa tiene sobre la propiedad que el esposo tuvo o adquirió durante el matrimonio. Durante la vida del esposo, este derecho sólo es una posibilidad de un interés; al morir el esposo, esto puede convertirse en un interés real sobre la tierra.

dual agency Representing both parties to a transaction. This is unethical unless both parties agree to it, and it is illegal in many states.

■ **agencia doble** Representación de ambas partes en una transacción. No se considera ético, a menos que ambas partes estén de acuerdo. Esta doble representación es ilegal en muchos estados.

due-on-sale clause A provision in the mortgage that states that the entire balance of the note is immediately due and payable if the mortgagor transfers (sells) the property.

■ **cláusula de vencimiento al vender** Una estipulación en la hipoteca que declara que el total del saldo del pagaré vencerá y se deberá pagar inmediatamente si el deudor hipotecario transfiere (vende) la propiedad.

duress Unlawful constraint or action exercised upon a person whereby the person is forced to perform an act against his or her will. A contract entered into under duress is voidable.

■ **coacción** Restricción o acción ilegal ejercida sobre una persona por medio de la cual la persona es forzada a realizar un acto en contra de su voluntad. Un contrato llevado a cabo bajo coacción es rescindible (anulable).

earnest money Money deposited by a buyer under the terms of a contract, to be forfeited if the buyer defaults but applied to the purchase price if the sale is closed.

- **depósito de garantía** Dinero depositado por un comprador bajo los términos del contrato, que se pierde en caso de incumplimiento por parte del comprador, pero que se aplica al pago del costo de la propiedad si la operación se lleva a cabo.

easement A right to use the land of another for a specific purpose, such as for a right-of-way or utilities; an incorporeal interest in land.

- **servidumbre** El derecho de usar la tierra de otra persona para un propósito específico, como el derecho de paso o de servicios públicos; un interés inmaterial en la tierra.

easement by appurtenant An easement that passes with the land upon conveyance.

- **servidumbre por adjunto** La servidumbre que pasa junto con la tierra al transferirse o cederse su propiedad.

easement by condemnation An easement created by the government or government agency that has exercised its right under eminent domain.

- **servidumbre por expropiación** La servidumbre creada por el gobierno o agencia gubernamental al ejercer su derecho bajo dominio eminente.

easement by implication An easement that arises when the parties actions imply that they intend to create an easement.

- **servidumbre implícita** La servidumbre que surge cuando los actos de los individuos implican que pretenden crear una servidumbre.

easement by necessity An easement allowed by law as necessary for the full enjoyment of a parcel of real estate; for example, a right of ingress and egress over a grantor's land.

- **servidumbre por necesidad** La servidumbre permitida por la ley por ser necesaria para el pleno goce de una parcela o bien raíz; por ejemplo, el derecho de entrada y salida sobre el terreno del otorgante.

easement by prescription An easement acquired by continuous, open and hostile use of the property for the period of time prescribed by state law.

- **servidumbre por prescripción** La servidumbre que se adquiere por el uso continuo, abierto y hostil de una propiedad ajena durante el tiempo que señala la ley estatal.

easement in gross An easement that is not created for the benefit of any land owned by the owner of the easement but that attaches personally to the easement owner. For example, a right granted by Eleanor Franks to Joe Fish to use a portion of her property for the rest of his life would be an easement in gross.

- **servidumbre personal** La servidumbre creada no para beneficio de algún terreno del dueño de dicha servidumbre sino para beneficio de alguien vinculado personalmente al propietario de la servidumbre. Por ejemplo, el derecho otorgado por Eleanor Franks a Joe Fish para usar una porción de su propiedad por el resto de la vida de él.

economic life The number of years during which an improvement will add value to the land.

- **vida económica** El número de años durante los cuales una mejora incrementará el valor de un terreno.

economic obsolescence *See* external obsolescence.

- **obsolescencia económica** *Véase* obsolescencia externa.

economic rent The reasonable rental expectancy if the property were available for renting at the time of its valuation.

- **renta económica** La renta razonable que se espera de una propiedad, si ésta estuviese disponible para rentarse en el momento de su avalúo.

effective gross income Property income from all sources, less allowance for vacancy and collection sources.

- **ingreso bruto real** Ingreso de la propiedad, de todas las fuentes, menos lo asignado a las vacantes y a los recursos utilizados en las cobranzas.

emblements Growing crops, such as grapes and corn, that are produced annually through labor and industry; also called fructus industriales.

- **frutos de la tierra (cosecha)** Cultivos, como las uvas y el maíz, que se producen anualmente mediante el trabajo y la industria en el campo; también se les llama fructus industriales.

eminent domain The right of a government or municipal quasi-public body to acquire property for public use through a court action called condemnation, in which the court decides that the use is a public use and determines the compensation to be paid to the owner.

- **dominio eminente** El derecho de un gobierno o cuerpo municipal cuasi-público de adquirir propiedad para uso público mediante una acción jurídica denominada expropiación, en la cual, la corte decide que el uso es de carácter público y determina la compensación que se debe pagar al propietario.

employee Someone who works as a direct employee of an employer and has employee status. The employer is obligated to withhold income taxes and social security taxes from the compensation of employees. *See also* independent contractor.

- **empleado** Alguien que trabaja como un empleado directo de un patrón y tiene, por tanto, la categoría de empleado. El patrón está obligado a retener los impuestos de los ingresos y del seguro social de la compensación de los empleados. *Véase también* contratista independiente.

employment contract A document evidencing formal employment between employer and employee or between principal and agent. In the real estate business this generally takes the form of a listing agreement or management agreement.

- **contrato de trabajo** El documento que muestra el empleo formal entre el patrón y el empleado o entre el principal y el agente (corredor). En el negocio de bienes raíces, éste generalmente toma la forma de un acuerdo de venta o de administración.

enabling acts State legislation that confers zoning powers on municipal governments.

- **leyes que autorizan** Legislación estatal que confiere a los gobiernos municipales el poder de llevar a cabo la zonificación.

encroachment A building or some portion of it—a wall or fence for instance—that extends beyond the land of the owner and illegally intrudes on some land of an adjoining owner or a street or alley.

- **invasión (transgresión)** Un edificio o parte de él—por ejemplo, una pared o una barda—que se extiende más allá del terreno del propietario y se impone ilegalmente en el terreno de un propietario adyacente o en una calle o callejón.

encumbrance Anything—such as a mortgage, tax or judgment lien, an easement, a restriction on the use of the land or an outstanding dower right—that may diminish the value or use and enjoyment of a property.

- **gravamen** Cualquier cosa que disminuya el valor, uso o goce de una propiedad—por ejemplo, hipoteca, impuesto, privilegio judicial, servidumbre, restricción sobre el uso de la tierra o derecho de viudedad pendiente.

environmental impact report (EIR) Evaluation of effects on the environment of a proposed development; may be required by local government.

- **informe de impacto ambiental** Evaluación de los efectos sobre el medio ambiente de una propuesta de urbanización; puede ser requerida por los gobiernos locales.

environmental obsolescence *See* external obsolescence.

- **obsolescencia ambiental** *Véase* obsolescencia externa.

Equal Credit Opportunity Act (ECOA) The federal law that prohibits discrimination in the extension of credit because of race, color, religion, national origin, sex, age or marital status.

■ **Ley de Igualdad de Oportunidad para Obtener Crédito** La ley federal que prohíbe la discriminación en el otorgamiento de créditos basándose en la raza, el color, la religión, el origen nacional, el sexo, la edad, o el estado civil.

equalization The raising or lowering of assessed values for tax purposes in a particular county or taxing district to make them equal to assessments in other counties or districts.

■ **Igualación** La elevación o disminución de los valores tasados para propósitos de impuestos en un condado en particular o en un distrito tributario para igualarlos a las tasaciones en otros condados o distritos.

equalization factor A factor (number) by which the assessed value of a property is multiplied to arrive at a value for the property that is in line with statewide tax assessments. The ad valorem tax would be based on this adjusted value.

■ **factor de igualación** Un factor (número) por el cual se multiplica el valor tasado de la propiedad con el fin de determinar el valor gravable de la misma, de tal forma que se correlacione con los demás valores tasados en todo el estado. El impuesto al valor agregado *(ad valorem tax)* se basaría en este valor ajustado.

equitable lien *See* statutory lien.

■ **gravamen equitativo** *Véase* gravamen estatutario (amparado por las leyes).

equitable right of redemption The right of a defaulted property owner to recover the property prior to its sale by paying the appropriate fees and charges.

■ **derecho equitativo de redimición** El derecho de un propietario en incumplimiento de recuperar su propiedad antes de que ésta se venda, mediante el pago de las cuotas apropiadas y los cargos correspondientes.

equitable title The interest held by a vendee under a contract for deed or an installment contract; the equitable right to obtain absolute ownership to property when legal title is held in another's name.

- **título equitativo** El interés que tiene el comprador bajo un contrato de título de propiedad o un contrato a plazos; el derecho equitativo de obtener posesión completa de la propiedad cuando el título legal está a nombre de otra persona.

equity The interest or value that an owner has in property over and above any indebtedness.

- **equidad** El interés o valor que tiene una persona sobre una propiedad por encima y más allá de cualquier deuda.

erosion The gradual wearing away of land by water, wind and general weather conditions; the diminishing of property by the elements.

- **erosión** El desgaste gradual de la tierra por el agua, viento y condiciones climáticas generales; la disminución de la propiedad por los elementos.

escalator clause Provision in a lease agreement for an increase in payments based on an increase in an index such as the consumer price index.

- **cláusula de ajuste** Una estipulación en un contrato de arrendamiento (alquiler) que incrementa los pagos basándose en el aumento de un índice, por ejemplo, el índice de precios al consumidor.

escheat The reversion of property to the state or county, as provided by state law, in cases where a decedent dies intestate without heirs capable of inheriting, or when the property is abandoned.

- **revertir** La reversión de la propiedad al estado o condado, según lo determine la ley estatal, en los casos en que el difunto murió intestado, sin herederos capaces de heredar, o cuando la propiedad esté o haya sido abandonada.

escrow The closing of a transaction through a third party called an escrow agent, or escrowee, who receives certain funds and documents to be delivered upon the performance of certain conditions outlined in the escrow instructions.

■ **plica (depósito en garantía)** El cierre de una operación a través de un tercero llamado depositario de plica, quien recibe ciertos fondos o documentos para ser entregados al satisfacerse ciertas condiciones descritas en las instrucciones de la plica.

escrow account The trust account established by a broker under the provisions of the license law for the purpose of holding funds on behalf of the broker's principal or some other person until the consummation or termination of a transaction.

■ **cuenta bancaria de plica** La cuenta fiduciaria establecida por un corredor bajo las estipulaciones de la ley de licencias para retener fondos en nombre del principal del corredor de bienes raíces o de cualquier otra persona, hasta que la transacción se termine o se lleve a cabo.

escrow instructions A document that sets forth the duties of the escrow agent, as well as the requirements and obligations of the parties, when a transaction is closed through an escrow.

■ **instrucciones de plica** Un documento que establece las obligaciones del depositario de plica, así como los requerimientos y obligaciones de las partes, cuando una transacción se cierra mediante una plica.

estate (tenancy) at sufferance The tenancy of a lessee who lawfully comes into possession of a landlord's real estate but who continues to occupy the premises improperly after his or her lease rights have expired.

■ **posesión por tolerancia** La tenencia de un inmueble por un arrendatario que se posesiona legalmente de un bien raíz del arrendador pero que continúa ocupando la propiedad en forma incorrecta cuando los derechos de su renta o alquiler han expirado.

estate (tenancy) at will An estate that gives the lessee the right to possession until the estate is terminated by either party; the term of this estate is indefinite.

■ **posesión a voluntad** La tenencia que da al arrendatario el derecho de posesión hasta que cualquiera de las partes la dé por terminada; el plazo de esta condición es indefinido.

estate (tenancy) for years An interest for a certain exact period of time in property leased for a specified consideration.

- **posesión por tiempo definido** Un interés o derecho en una propiedad alquilada por un tiempo definido con exactitud y por una consideración especificada.

estate (tenancy) from period to period An interest in leased property that continues from period to period—week to week, month to month or year to year.

- **posesión periódica** Un interés en una propiedad alquilada que continúa en períodos regulares—semana a semana, mes a mes, o año a año.

estate in land The degree, quantity, nature and extent of interest a person has in real property.

- **patrimonio en un bien raíz** El grado, cantidad, naturaleza y extensión del interés que una persona tiene en un bien raíz.

estate taxes Federal taxes on a decedent's real and personal property.

- **impuestos sucesorio** Impuestos federales sobre la propiedad real y personal del difunto.

estoppel Method of creating an agency relationship in which someone states incorrectly that another person is his or her agent, and a third person relies on that representation.

- **impedimento** Método de crear una relación de agencia en la cual alguien declara incorrectamente que otra persona es su agente, y una tercera persona se basa en esa representación.

estoppel certificate A document in which a borrower certifies the amount owed on a mortgage loan and the rate of interest.

- **certificado de impedimento** Un documento por medio del cual un prestatario certifica la cantidad que se debe en un préstamo hipotecario y la tasa de interés.

ethics The system of moral principles and rules that becomes standards for professional conduct.

- **ética** El sistema de principios y reglas morales que se constituye en las normas de la conducta profesional.

eviction A legal process to oust a person from possession of real estate.

- **desalojamiento** El proceso legal para echar o desalojar a una persona de la posesión de un inmueble.

evidence of title Proof of ownership of property; commonly a certificate of title, an abstract of title with lawyer's opinion, title insurance or a Torrens registration certificate.

- **escritura (prueba instrumental) de propiedad** Prueba de titularidad de un inmueble; comúnmente un título o certificado de propiedad, un resumen del título con la opinión de un abogado, seguro de título o un certificado de registro del sistema Torrens.

exchange A transaction in which all or part of the consideration is the transfer of like-kind property (such as real estate for real estate).

- **intercambio** Una transacción en la cual toda la consideración, o parte de ella, es la transferencia de una propiedad de la misma clase (por ejemplo: un bien raíz por otro bien raíz).

exclusive-agency listing A listing contract under which the owner appoints a real estate broker as his or her exclusive agent for a designated period of time to sell the property, on the owner's stated terms, for a commission. The owner reserves the right to sell without paying anyone a commission if he or she sells to a prospect who has not been introduced or claimed by the broker.

- **exclusividad de agencia de la venta** Un contrato de venta bajo el cual el (la) dueño(a) designa a un corredor de bienes raíces como su agente exclusivo por un período de tiempo definido para vender la propiedad, en los términos estipulados por dicho(a) dueño(a), a cambio de una comisión. El (la) dueño(a) se reserva el derecho de vender la propiedad sin pagarle una comisión a nadie si él (ella) mismo(a) la vende a un candidato que no haya sido referido ni reclamado por el agente o corredor.

exclusive-right-to-sell listing A listing contract under which the owner appoints a real estate broker as his or her exclusive agent for a designated period of time, to sell the property on the owner's stated terms, and agrees to pay the broker a commission when the property is sold, whether by the broker, the owner or another broker.

- **acuerdo de exclusividad de venta** Un contrato de venta bajo el cual el (la) dueño(a) designa a un corredor de bienes raíces como su agente exclusivo por un período de tiempo definido, para vender una propiedad en los términos estipulados por dicho(a) dueño(a), y acuerda pagarle al corredor de bienes raíces una comisión cuando se venda la propiedad, ya sea por el propio corredor, el dueño u otro agente o corredor.

executed contract A contract in which all parties have fulfilled their promises and thus performed the contract.

■ **contrato cumplido (ejecutado)** Un contrato en el que todas las partes han cumplido con lo prometido y por lo tanto han llevado a cabo el contrato.

execution The signing and delivery of an instrument. Also, a legal order directing an official to enforce a judgment against the property of a debtor.

■ **celebración (ejecución)** La firma y entrega de un instrumento. También, una orden legal que le indica a un oficial hacer valer el dictamen de un juicio en contra de la propiedad de un deudor.

executory contract A contract under which something remains to be done by one or more of the parties.

■ **contrato ejecutable** Un contrato bajo el cual alguna cosa queda pendiente de hacerse por una o más de las partes.

express agency An agency created by specific agreement, whether written or oral, of principal and agent.

■ **agencia expresa** Una agencia creada por un acuerdo específico, ya sea oral o escrito, entre el principal y el agente.

express agreement An oral or written contract in which the parties state the contract's terms and express their intentions in words.

■ **acuerdo (contrato) expreso** Un contrato oral o escrito en el cual las partes estipulan los términos del contrato y expresan sus intenciones de palabra.

express contract *See* express agreement.

■ **contrato expreso** *Véase* acuerdo (contrato) expreso.

external depreciation Reduction in a property's value caused by outside factors (those that are off the property).

- **depreciación externa** Reducción en el valor de la propiedad causada por factores externos (aquellos que se encuentran fuera de la propiedad).

external obsolescence Reduction in property's value caused by factors outside the subject property, such · as social or environmental forces; also called economic (or locational) obsolescence.

- **obsolescencia externa** Reducción en el valor de la propiedad causada por factores externos a la propiedad, por ejemplo, factores sociales o ambientales; también llamada obsolescencia económica (o de lugar).

Fair Housing Act The federal law that prohibits discrimination in housing based on race, color, religion, sex, handicap, familial status and national origin.

- **Ley de *Fair Housing* (Igualdad en todo lo relacionado a la adquisición de viviendas)** La ley federal que prohíbe la discriminación debido a la raza, color, religión, sexo, incapacidad, estado civil u origen nacional, en todo lo relacionado a la vivienda.

Fannie Mae *See* Federal National Mortgage Association (FNMA).

- **"Fannie Mae"** *Véase* Asociación Nacional Hipotecaria Federal.

Farmer's Home Administration (FmHA) *See* Rural Economic and Community Development Administration.

- **Administración del Hogar del Agricultor** *Véase* Administración para el Desarrollo Económico y Comunitario Rural.

Federal Deposit Insurance Corporation (FDIC) An independent federal agency that insures the deposits in commercial banks.

- **Corporación Federal Aseguradora de Depósitos** Una agencia federal independiente que asegura los depósitos que se hacen en los bancos comerciales.

Federal Home Loan Mortgage Corporation (FHLMC) A corporation established to purchase primarily conventional mortgage loans in the secondary mortgage market.

- **Corporación Federal de Préstamos Hipotecarios para Viviendas** Una corporación establecida con el propósito de adquirir principalmente préstamos hipotecarios convencionales en el mercado hipotecario secundario.

Federal National Mortgage Association (FNMA) A quasi-government agency established to purchase any kind of mortgage loans in the secondary mortgage market from the primary lenders.

- **Asociación Nacional Hipotecaria Federal** Una agencia cuasi-gubernamental establecida para adquirir de los prestamistas principales cualquier tipo de préstamo hipotecario en el mercado hipotecario secundario.

Federal Reserve System The country's central banking system, which is responsible for the nation's monetary policy by regulating the supply of money and interest rates.

- **Sistema de la Reserva Federal** El sistema bancario central del país, que es el responsable de las normas o políticas monetarias de la nación a través de la reglamentación del suministro de dinero y de las tasas de interés.

fee simple absolute The maximum possible estate or right of ownership of real property, continuing forever.

- **pleno dominio absoluto** El máximo estado o derecho posible de titularidad sobre un inmueble; dicho derecho continúa para siempre.

fee simple defeasible *See* defeasible fee estate.

- **pleno dominio resolutorio** *Véase* inmueble bajo derecho pleno de dominio contingente.

fee simple subject to condition subsequent An estate conveyed "provided that" or "if" it is used for a specific purpose. If it is no longer used for that purpose, it reverts to the original grantor or his heirs by their exercise of the right of reentry.

- **pleno dominio sujeto a una condición subsecuente** Una propiedad transferida "siempre que" se la use, o "si" se la usa para un propósito específico. Si no se la usa para ese propósito, se revierte (devuelve) al concedente (otorgante) original o a sus herederos mediante el derecho de reposesión de inmueble que éstos gozan.

feudal system A system of ownership usually associated with precolonial England, in which the king or other sovereign is the source of all rights. The right to possess real property was granted by the sovereign to an individual as a life estate only. Upon the death of the individual title passed back to the sovereign, not to the decedent's heirs.

- **sistema feudal** Un sistema de propiedad que usualmente está asociado con la Inglaterra precolonial, en el que el rey o algún otro soberano es la fuente de todos los derechos. El derecho de poseer un inmueble era otorgado por el soberano a un individuo únicamente como una propiedad sobre la que éste tendría derecho sólo durante su vida. Tras la muerte del individuo el título regresaba al soberano, no a los herederos del difunto.

FHA loan A loan insured by the Federal Housing Administration and made by an approved lender in accordance with the FHA's regulations.

- **préstamo FHA (Administración Federal de la Vivienda)** Un préstamo asegurado por la Administración Federal de la Vivienda y hecho por un prestamista aprobado de acuerdo con los reglamentos de la *FHA*.

fiduciary One in whom trust and confidence are placed; a reference to a broker employed under the terms of a listing contract or buyer agency agreement.

- **fiduciario(a)** Una persona en quien se deposita confianza y buena fe; una referencia a un corredor, empleado de acuerdo con los términos de un contrato de venta o un acuerdo de agencia con comprador.

fiduciary relationship A relationship of trust and confidence, as between trustee and beneficiary, attorney and client or principal and agent.

- **relación fiduciaria** Una relación de confianza y buena fe, como la que hay entre un fideicomisario *(trustee)* y un beneficiario, un abogado y su cliente, o un principal y su agente.

Financial Institutions Reform, Recovery and Enforcement Act (FIRREA) This act restructured the savings and loan association regulatory system; enacted in response to the savings and loan crisis of the 1980s.

■ **Ley de Reforma, Recuperación y Ejecución de las Instituciones Financieras** Esta ley reestructuró el sistema regulador de las asociaciones de ahorro y préstamo *(savings and loan)*; se estableció como respuesta a la crisis de estas instituciones en la década de los 80.

financing statement *See* Uniform Commercial Code.

■ **declaración de financiación** *Véase* Código Comercial Uniforme.

fiscal policy The government's policy in regard to taxation and spending programs. The balance between these two areas determines the amount of money the government will withdraw from or feed into the economy, which can counter economic peaks and slumps.

■ **norma o política fiscal** La norma del gobierno con respecto a los programas de impuestos y gastos. El saldo entre estas dos áreas determina la cantidad de dinero que el gobierno retirará o introducirá en la economía, lo cual puede contrarrestar las altas y bajas de la economía.

fixture An item of personal property that has been converted to real property by being permanently affixed to the realty.

■ **mueble adherido** Un artículo de propiedad personal que se ha convertido en un inmueble por haber sido adherido físicamente a un inmueble.

foreclosure A legal procedure whereby property used as security for a debt is sold to satisfy the debt in the event of default in payment of the mortgage note or default of other terms in the mortgage document. The foreclosure procedure brings the rights of all parties to a conclusion and passes the title in the mortgaged property to either the holder of the mortgage or a third party who may purchase the realty at the foreclosure sale, free of all encumbrances affecting the property subsequent to the mortgage.

■ **juicio hipotecario** Un procedimiento legal mediante el cual la propiedad usada como garantía de una deuda se vende para satisfacer el pago de la deuda, cuando hay incumplimiento en el pago del pagaré hipotecario o incumplimiento de otros términos en el documento hipotecario. El procedimiento del juicio hipotecario lleva todos los derechos de las partes a su conclusión y pasa el título de la propiedad hipotecada al tenedor (poseedor) de la hipoteca o a una tercera parte que hubiese adquirido el inmueble durante la venta en el juicio hipotecario, libre de todo gravamen que afecte a la propiedad después de la hipoteca.

fractional section A parcel of land less than 160 acres, usually found at the edge of a rectangular survey.

- **sección fraccionaria** Una parcela de terreno de menos de 160 acres, generalmente se encuentra al borde de una relevación de terreno rectangular.

fraud Deception intended to cause a person to give up property or a lawful right.

- **fraude** Engaño con la intención de causar que una persona ceda la propiedad o un derecho legal.

Freddie Mac *See* Federal Home Loan Mortgage Corporation (FHLMC).

- **"Freddie Mac"** *Véase* Corporación Federal de Préstamos Hipotecarios para Viviendas.

freehold estate An estate in land in which ownership is for an indeterminate length of time, in contrast to a leasehold estate.

- **propiedad de dominio absoluto** Un dominio sobre un terreno en el que la titularidad es por un plazo de tiempo indeterminado, contrastando con una propiedad bajo derecho de inquilinato.

front footage The measurement of a parcel of land by the number of feet of street or road frontage.

- **medida en pies del frente de una propiedad** La medida en pies de una parcela de terreno que da al frente, sea a la calle o al camino.

functional obsolescence A loss of value to an improvement to real estate arising from functional problems, often caused by age or poor design.

■ **obsolescencia funcional** Una pérdida en el valor de una mejora a un inmueble que se origina por problemas funcionales, generalmente causados por la edad o por un diseño deficiente.

future interest A person's present right to an interest in real property that will not result in possession or enjoyment until some time in the future, such as a reversion or right of reentry.

■ **interés futuro** El derecho actual de una persona sobre un inmueble que no resultará en una posesión ni en su goce, sino hasta un cierto momento en el futuro, por ejemplo mediante una reversión o un derecho de retomar la posesión de un inmueble.

gap A defect in the chain of title of a particular parcel of real estate; a missing document or conveyance that raises doubt as to the present ownership of the land.

- **vacío** Un defecto en la cadena de título de una parcela de terreno en particular; un documento o transferencia faltante que pone en duda la titularidad presente de la tierra.

general agent One who is authorized by a principal to represent the principal in a specific range of matters.

- **agente general** Alguien que está autorizado por un principal para que lo represente en una gama específica de asuntos.

general lien The right of a creditor to have all of a debtor's property—both real and personal—sold to satisfy a debt.

- **gravamen prendario** El derecho de un acreedor de hacer que toda la propiedad del deudor—tanto inmueble como personal (mueble)—se venda para cumplir o satisfacer una deuda.

general partnership *See* partnership.

- **asociación general** *Véase* asociación.

general warranty deed A deed in which the grantor fully warrants good clear title to the premises. Used in most real estate deed transfers, a general warranty deed offers the greatest protection of any deed.

- **escritura con garantía general de título** Una escritura de propiedad inmobiliaria en la que el concedente (otorgante) garantiza completamente que el título está limpio y es bueno respecto al inmueble. Se usa en la mayoría de las transferencias de escrituras de propiedad inmobiliaria. Este tipo de escritura con garantía general ofrece la máxima protección de cualquier tipo de escritura.

Ginnie Mae *See* Government National Mortgage Association (GNMA).

- **"Ginnie Mae"** *Véase* Asociación Gubernamental Hipotecaria Nacional.

government check The 24-mile square parcels composed of 16 townships in the rectangular (government) survey system of legal description.

- **revisión gubernamental** Las parcelas de 24 millas cuadradas compuestas de 16 municipios en el sistema de agrimensura de terreno rectangular (gubernamental) usado en la descripción legal.

government lot Fractional sections in the rectangular (government) survey system that are less than one quarter-section in area.

- **lote gubernamental** Secciones fraccionarias en el sistema de agrimensura rectangular (gubernamental) que tienen una superficie de menos de un cuarto de sección.

Government National Mortgage Association (GNMA) A government agency that plays an important role in the secondary mortgage market. It sells mortgage-backed securities that are backed by pools of FHA and VA loans.

- **Asociación Gubernamental Hipotecaria Nacional** Una agencia gubernamental que desempeña un papel importante en el mercado hipotecario secundario. Vende valores (títulos y acciones) respaldados por hipotecas que a su vez están respaldados por una agrupación de préstamos *FHA* y *VA*.

government survey system *See* rectangular (government) survey system.

- **sistema gubernamental de agrimensura de terrenos** *Véase* sistema de agrimensura de terrenos rectangular (gubernamental).

graduated payment mortgage (GPM) A loan in which the monthly principal and interest payments increase by a certain percentage each year for a certain number of years and then level off for the remaining loan term.

- **hipoteca con pagos graduados** Un préstamo en el que los pagos mensuales de capital e intereses aumentan por un porcentaje determinado cada año durante cierto número de años y después se nivelan durante el resto del plazo del préstamo.

grantee A person who receives a conveyance of real property from a grantor.

- **donatario (receptor)** Una persona que recibe una transferencia de un inmueble de parte de un otorgante o concedente.

granting clause Words in a deed of conveyance that state the grantor's intention to convey the property at the present time. This clause is generally worded as "convey and warrant," "grant," "grant, bargain and sell" or the like.

- **cláusula de transferencia de derechos sobre una propiedad** Palabras en una escritura de traspaso de propiedad inmobiliaria que declaran la intención del otorgante de transferir la propiedad en ese momento. Esta cláusula generalmente está escrita con palabras como "transfiere y garantiza", "otorga", "otorga, acuerda y vende" o semejantes.

grantor The person transferring title to or an interest in real property to a grantee.

- **otorgante (concedente)** La persona que transfiere el título de propiedad o un interés de un inmueble a un donatario (receptor).

gross income multiplier A figure used as a multiplier of the gross annual income of a property to produce an estimate of the property's value.

- **multiplicador de ingresos brutos** Un número utilizado como un multiplicador del ingreso anual bruto de una propiedad con el fin de obtener un estimado del valor de la propiedad.

gross lease A lease of property according to which a landlord pays all property charges regularly incurred through ownership, such as repairs, taxes, insurance and operating expenses. Most residential leases are gross leases.

- **locación bruta (global)** Una locación (arrendamiento, alquiler) de una propiedad de acuerdo con la cual el arrendador paga todos los cargos sobre la propiedad que normalmente se producen por su titularidad, por ejemplo: las reparaciones, los impuestos, el seguro y los gastos de operación. La mayoría de los alquileres de residencias son locaciones brutas o globales.

gross rent multiplier (GRM) The figure used as a multiplier of the gross monthly income of a property to produce an estimate of the property's value.

- **multiplicador de renta bruta** El número utilizado como un multiplicador del ingreso mensual bruto de una propiedad con el fin de obtener un estimado del valor de la propiedad.

ground lease A lease of land only, on which the tenant usually owns a building or is required to build as specified in the lease. Such leases are usually long-term net leases; the tenant's rights and obligations continue until the lease expires or is terminated through default.

- **arrendamiento de un terreno** Un arrendamiento (alquiler) solamente del terreno, sobre el cual generalmente el inquilino posee un edificio o queda obligado a construir, según se especifique en el arrendamiento. Tales arrendamientos generalmente son arrendamientos netos a largo plazo; los derechos y obligaciones del inquilino continúan hasta que el arrendamiento venza (expire) o se dé por terminado por incumplimiento.

ground rent Earnings of improved property credited to earnings of the ground itself after allowance is made for earnings of improvements.

- **alquiler de terreno** Ganancias de la propiedad mejorada se acredita a las ganancias del terreno en sí, después de que se haga un descuento de las ganancias debidas a las mejoras.

growing equity mortgage (GEM) A loan in which the monthly payments increase annually, with the increased amount being used to reduce directly the principal balance outstanding and thus shorten the overall term of the loan.

- **hipoteca con crecimiento de equidad** Un préstamo en el que los pagos mensuales incrementan anualmente, utilizando la cantidad aumentada para fines de reducir directamente el saldo del capital restante y así, disminuir el plazo general del préstamo.

habendum clause That part of a deed beginning with the words "to have and to hold," following the granting clause and defining the extent of ownership the grantor is conveying.

- **cláusula determinante de la identidad y extensión de derechos transferidos** La parte de una escritura de propiedad inmobiliaria que comienza con las palabras "tener y conservar" ("*to have and to hold*") que sigue a la cláusula de concesión y que define la extensión de la titularidad que está siendo transferida por el otorgante.

heir One who might inherit or succeed to an interest in land under the state law of descent when the owner dies without leaving a valid will.

- **heredero(a)** Una persona que podría heredar o suceder un interés sobre un terreno bajo la ley estatal de sucesión hereditaria cuando el propietario muere sin dejar un testamento válido.

hereditaments Every kind of inheritable property, including real, personal, corporeal and incorporeal property.

- **bienes por heredar** Todo tipo de propiedad heredable, incluyendo inmueble, mueble (personal), tangible e intangible.

highest and best use The possible use of a property that would produce the greatest net income and thereby develop the highest value.

- **uso óptimo** El uso posible de una propiedad que produciría un mayor ingreso neto y por lo tanto desarrollaría un valor más alto.

holdover tenancy A tenancy whereby a lessee retains possession of leased property after the lease has expired and the landlord, by continuing to accept rent, agrees to the tenant's continued occupancy as defined by state law.

■ **retención de tenencia (tenencia remanente)** Una tenencia mediante la cual un inquilino retiene la posesión de una propiedad alquilada después de que el contrato de alquiler (arrendamiento) haya expirado y el arrendador, mediante la aceptación continuada de la renta, está de acuerdo en que el inquilino continúe ocupando el lugar según se define por la ley estatal.

holographic will A will that is written, dated and signed in the testator's handwriting.

■ **testamento hológrafo** Un testamento que está escrito, fechado y firmado por el puño y letra del testador.

home equity loan A loan (sometimes called a line of credit) under which a property owner uses his or her residence as collateral and can then draw funds up to a prearranged amount against the property.

■ **préstamo sobre la equidad de una vivienda** Un préstamo (a veces llamado una línea de crédito) bajo el cual un dueño de una propiedad usa esa misma residencia como una garantía y puede entonces retirar fondos hasta alcanzar una cantidad predeterminada contra dicha propiedad.

Home Mortgage Disclosure Act A federal law that prevents "redlining" or denial of funds to certain areas; requires public notices to be posted by housing lenders.

■ **Ley de Divulgación sobre las Hipotecas de Viviendas** Una ley federal que evita el *"redlining"* o la negación de fondos a determinadas zonas; obliga a los prestamistas, de fondos para adquirir viviendas, a que pongan avisos públicos.

homeowner's insurance policy A standardized package insurance policy that covers a residential real estate owner against financial loss from fire, theft, public liability and other common risks.

■ **póliza de seguro de un propietario de vivienda** Una póliza de seguro de paquete estandarizado que protege al dueño de un inmueble contra las pérdidas financieras ocurridas debido a incendios, robos, por responsabilidad civil y otros riesgos comunes.

homestead Land that is owned and occupied as the family home. In many states a portion of the area or value of this land is protected or exempt from judgments for debts.

■ **residencia familiar (casa solariega)** Terreno que es posesión y que está ocupado como residencia familiar. En muchos estados, una porción del área o del valor de este terreno está protegida o exenta de juicios para el cobro de deudas.

hypothecate To pledge property as security for an obligation or loan without giving up possession of it.

■ **hipotecar** El caucionar (prendar) la propiedad como una garantía de una obligación o un préstamo sin ceder la posesión de la misma.

Implied agreement A contract under which the agreement of the parties is demonstrated by their acts and conduct.

- **acuerdo implícito** Un contrato bajo el cual el acuerdo de las partes se demuestra por sus actos (obras) y conducta.

Implied contract *See* implied agreement.

- **contrato implícito** *Véase* acuerdo implícito.

Implied warranty of habitability A theory in landlord/tenant law in which the landlord renting residential property implies that the property is habitable and fit for its intended use.

- **garantía implícita de habitabilidad** Una teoría en las leyes de arrendador/arrendatario en la que el arrendador que alquila una propiedad implica que la propiedad es habitable y adecuada para el uso al que está destinada.

Improvement (1) Any structure, usually privately owned, erected on a site to enhance the value of the property—for example, building a fence or a driveway. (2) A publicly owned structure added to or benefiting land, such as a curb, sidewalk, street or sewer.

- **mejora** (1) Cualquier estructura, que por lo general es propiedad privada, erigida en un lugar para realzar el valor de la propiedad—por ejemplo, el construir una cerca o un camino de entrada para automóviles. (2) Una estructura que es propiedad pública añadida o que beneficia al terreno, como un encintado de la acera (borde de la banqueta), la acera (banqueta) misma, una calle o una alcantarilla.

income approach The process of estimating the value of an income-producing property through capitalization of the annual net income expected to be produced by the property during its remaining useful life.

- **método de ingresos** El proceso de calcular el valor de una propiedad productora de ingresos a través de la capitalización del ingreso neto anual que se espera sea producido por la propiedad durante el resto de su vida útil.

incorporeal right A nonpossessory right in real estate; for example, an easement or a right-of-way.

- **derecho incorpóreo** Un derecho que no es de posesión en un inmueble, por ejemplo, una servidumbre o un derecho de paso.

independent contractor Someone who is retained to perform a certain act but who is subject to the control and direction of another only as to the end result and not as to the way in which the act is performed. Unlike an employee, an independent contractor pays for all expenses and social security and income taxes and receives no employee benefits. Most real estate salespeople are independent contractors.

- **contratista independiente** Una persona a quien se contrata para que realice un acto determinado pero que queda sujeto al control y dirección de otro únicamente con respecto al resultado final, y no con respecto a la forma en que debe llevarse a cabo la labor. A diferencia de un empleado, un contratista independiente paga por todos los gastos y los impuestos del seguro social y de sus ingresos y no recibe beneficios de empleado. La mayoría de los vendedores de bienes raíces son contratistas independientes.

index method The appraisal method of estimating building costs by multiplying the original cost of the property by a percentage factor to adjust for current construction costs.

- **método de índice** El método de avalúo para calcular los costos de construcción multiplicando el costo original de la propiedad por un factor porcentual para ajustar los costos de construcción actuales.

inflation The gradual reduction of the purchasing power of the dollar, usually related directly to the increases in the money supply by the federal government.

- **inflación** La reducción gradual del poder adquisitivo del dólar, usualmente en relación directa a los incrementos en el suministro de dinero por parte del gobierno federal.

inheritance taxes State-imposed taxes on a decedent's real and personal property.

■ **impuestos a la herencia** Impuestos cargados por el estado a la propiedad inmueble y personal (mueble) de una persona fallecida.

installment contract A contract for the sale of real estate whereby the purchase price is paid in periodic installments by the purchaser, who is in possession of the property even though title is retained by the seller until a future date, which may be not until final payment. Also called a contractor deed or articles of agreement for warranty deed.

■ **contrato a plazos (pagos a plazo)** Un contrato para la venta de un inmueble mediante el cual el precio de compra se paga a plazos periódicos por el comprador, quien tiene la posesión de la propiedad, a pesar de que el título de la misma queda retenido por el vendedor hasta una fecha futura, que quizá no sea sino hasta el pago final. También se le denomina como un contrato para la obtención del título de propiedad (escritura) o artículos de acuerdo para la escritura con garantía.

installment sale A transaction in which the sales price is paid in two or more installments over two or more years. If the sale meets certain requirements, a taxpayer can postpone reporting such income until future years by paying tax each year only on the proceeds received that year.

■ **venta a plazos** Una transacción en la que el precio de venta se paga en dos o más plazos a lo largo de dos años o más. Si la venta satisface ciertos requisitos, un contribuyente *(taxpayer)* puede posponer el tener que reportar dichos ingresos hasta años después, con sólo pagar los impuestos sobre las ganancias recibidas en ese año.

interest A charge made by a lender for the use of money.

■ **interés** Un cargo que hace un prestamista por permitir el uso de dinero.

interim financing A short-term loan usually made during the construction phase of a building project (in this case often referred to as a construction loan).

■ **financiamiento provisorio** Un préstamo a corto plazo que generalmente se hace durante la fase de un proyecto en construcción (en este caso, frecuentemente se le llama préstamo de construcción).

Interstate Land Sales Full Disclosure Act A federal law that regulates the sale of certain real estate in interstate commerce.

- **Ley Interestatal de Divulgación Completa en las Ventas de Tierras** Una ley federal que rige la venta de cierto tipo de bienes raíces en el comercio interestatal.

Intestate The condition of a property owner who dies without leaving a valid will. Title to the property will pass to the decedent's heirs as provided in the state law of descent.

- **Intestado(a)** Dícese de la condición de un dueño de propiedad cuando éste muere sin dejar un testamento válido. El título de la propiedad pasará a los herederos de la persona fallecida de acuerdo con la ley estatal de descendencia.

Intrinsic value An appraisal term referring to the value created by a person's personal preferences for a particular type of property.

- **valor intrínseco** Un término de avalúo que se refiere al valor creado por las preferencias personales de un individuo respecto a un tipo particular de propiedad.

Investment Money directed toward the purchase, improvement and development of an asset in expectation of income or profits.

- **Inversión** Dinero dirigido hacia la compra, mejoramiento y desarrollo de un bien con la expectativa de que produzca un ingreso o ganancias.

Involuntary alienation *See* alienation.

- **enajenación involuntaria** *Véase* enajenación.

Involuntary lien A lien placed on property without the consent of the property owner.

- **gravamen involuntario** Un gravamen puesto sobre una propiedad sin el consentimiento del dueño del inmueble.

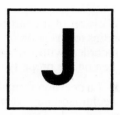

joint tenancy Ownership of real estate between two or more parties who have been named in one conveyance as joint tenants. Upon the death of a joint tenant, the decedent's interest passes to the surviving joint tenant or tenants by the right of survivorship.

- **co-dominio (tenencia en común)** La titularidad de un bien raíz entre dos o más partes que han sido nombradas en una transferencia como dueños en común del inmueble. Tras la muerte de uno de los dueños del inmueble en tenencia mancomunada, el interés de la persona fallecida pasa al dueño o dueños mancomunados a través del derecho de supervivencia.

joint venture The joining of two or more people to conduct a specific business enterprise. A joint venture is similar to a partnership in that it must be created by agreement between the parties to share in the losses and profits of the venture. It is unlike a partnership in that the venture is for one specific project only, rather than for a continuing business relationship.

- **empresa conjunta (sociedad en participación)** La reunión de dos o más personas para llevar a cabo una empresa de negocios específica. Una empresa conjunta es similar a una sociedad en tanto que tiene que ser creada por un acuerdo entre las partes para compartir las pérdidas y las ganancias de la empresa. Se diferencia de una sociedad en que la empresa es para un proyecto específico, en vez de una relación de negocios continua.

judgment The formal decision of a court upon the respective rights and claims of the parties to an action or suit. After a judgment has been entered and recorded with the county recorder, it usually becomes a general lien on the property of the defendant.

- **juicio (sentencia)** La decisión formal de un tribunal respecto a los derechos y reclamaciones respectivos de las partes involucradas en una demanda. Después de que se ha anotado un juicio y se le ha registrado por el encargado del registro del condado, se convierte usualmente en un gravamen prendario sobre la propiedad del demandado.

judicial precedent In law, the requirements established by prior court decisions.

- **precedente jurisprudencial** En el derecho, los requisitos establecidos por decisiones de los tribunales anteriores.

junior lien An obligation, such as a second mortgage, that is subordinate in right or lien priority to an existing lien on the same realty.

- **gravamen subordinado** Una obligación, como puede serlo una segunda hipoteca, que queda subordinada en derecho o gravamen prioritario a un gravamen existente respecto al mismo inmueble.

laches An equitable doctrine used by courts to bar a legal claim or prevent the assertion of a right because of undue delay or failure to assert the claim or right.

- **tardanza procesal** Una doctrina equitativa usada por los tribunales para impedir una reclamación legal o evitar la afirmación de un derecho debido a un retraso indebido o el no haber afirmado la reclamación o el derecho.

land The earth's surface, extending downward to the center of the earth and upward infinitely into space, including things permanently attached by nature, such as trees and water.

- **terreno, tierra** La superficie terrestre, extendiéndose hacia adentro hasta el centro de la Tierra y hacia arriba infinitamente hacia el espacio, incluyendo cosas colocadas en ella en forma permanente por la naturaleza, como los árboles y el agua.

land contract *See* installment contract.

- **contrato inmobiliario** *Véase* contrato a plazos (pagos a plazo).

latent defect A hidden structural defect presumably resulting from faulty construction, known to the seller but not to the purchaser and not readily discoverable by inspection.

- **defecto latente** Un defecto estructural oculto que se supone es el resultado de una construcción deficiente, conocido por el vendedor pero no por el comprador y que no es fácil descubrir mediante una inspección.

law of agency *See* agency.

- **ley de agencia** *Véase* agencia, gestoría.

lease A written or oral contract between a landlord (the lessor) and a tenant (the lessee) that transfers the right to exclusive possession and use of the landlord's real property to the lessee for a specified period of time and for a stated consideration (rent). By state law leases for longer than a certain period of time (generally one year) must be in writing to be enforceable.

- **arrendamiento (locación)** Un contrato oral o escrito entre un arrendador y un arrendatario que transfiere el derecho de posesión y de uso exclusivos del inmueble del arrendador al arrendatario durante un plazo de tiempo especificado y por una renta determinada. De acuerdo con la ley estatal, los arrendamientos de más de cierto tiempo (generalmente un año) tienen que ser por escrito para que tengan validez legal.

leaseback *See* sales-leaseback.

- **venta con alquiler subsecuente** *Véase* venta seguida de arrendamiento subsecuente.

leasehold estate A tenant's right to occupy real estate during the term of a lease, generally considered to be a personal property interest.

- **derecho de inquilinato** El derecho de un arrendatario de ocupar el inmueble durante el plazo del arrendamiento, que generalmente se considera como un interés de propiedad personal.

lease option A lease under which the tenant has the right to purchase the property either during the lease term or at its end.

- **opción de arrendamiento** Un arrendamiento bajo el cual el arrendatario tiene el derecho de comprar la propiedad, ya sea durante el plazo del arrendamiento o cuando éste finalice.

lease purchase The purchase of real property, the consummation of which is preceded by a lease, usually long-term. Typically done for tax or financing purposes.

- **compra tras arrendamiento** La compra de un inmueble, cuya realización está precedida de un arrendamiento, generalmente a largo plazo. Se hace comúnmente para propósitos de impuestos o de financiamiento.

legacy A disposition of money or personal property by will.

- **legado** Disposición de dinero o de propiedad personal que un testador hace en su testamento.

legal description A description of a specific parcel of real estate complete enough for an independent surveyor to locate and identify it.

- **descripción legal** Una descripción de una parcela de terreno lo suficientemente completa como para que un agrimensor independiente pueda localizarla e identificarla.

legality of object An essential component of a valid contract; a contract must be for a legal purpose and in compliance with public policy.

- **licitud del objeto** Un componente esencial de un contrato válido; un contrato tiene que hacerse con un propósito legal y de acuerdo con el interés público.

legally competent parties People who are recognized by law as being able to contract with others; those of legal age and sound mind.

- **partes jurídicamente capaces** Personas que son reconocidas por la ley como capaces de efectuar contratos con otras; quienes tienen mente sana y edad legal.

lessee *See* lease.

- **arrendatario, locatario** *Véase* arrendamiento (locación).

lessor *See* lease.

- **arrendador, locador** *Véase* arrendamiento (locación).

letter of opinion A letter from an appraiser to client presenting only the appraiser's conclusion of value, with no supporting data.

- **carta de opinión** Una carta de un tasador a un cliente en que sólo presenta la conclusión del propio tasador respecto al valor, sin datos de apoyo.

leverage The use of borrowed money to finance an investment.

- **ventaja** El uso de dinero prestado para financiar una inversión.

levy To assess; to seize or collect. To levy a tax is to assess a property and set the rate of taxation. To levy an execution is to officially seize the property of a person in order to satisfy an obligation.

- **evaluar, embargar, recaudar** Evaluar; recaudar o cobrar. El evaluar un impuesto es tasar una propiedad y fijar una tasa de impuesto. El embargo ejecutivo *(levy an execution)* es embargar oficialmente la propiedad de una persona para poder satisfacer una obligación.

license (1) A privilege or right granted to a person by a state to operate as a real estate broker or salesperson. (2) The revocable permission for a temporary use of land—a personal right that cannot be sold.

- **licencia** (1) Un privilegio o derecho que el estado le otorga a una persona para que se desempeñe como un corredor de bienes raíces o como vendedor. (2) El permiso revocable para el uso temporal de un terreno—un derecho personal que no se puede vender.

lien A right given by law to certain creditors to have their debts paid out of the property of a defaulting debtor, usually by means of a court sale.

- **gravamen** Un derecho otorgado por ley a ciertos acreedores para que obtengan el pago de las deudas por medio de la propiedad de un deudor que no haya cumplido, por lo general esto se hace mediante una venta realizada por el tribunal.

lien theory Some states interpret a mortgage as being purely a lien on real property. The mortgagee thus has no right of possession but must foreclose the lien and sell the property if the mortgagor defaults.

- **teoría del gravamen** Algunos estados interpretan a la hipoteca como sencillamente un derecho de retención sobre un inmueble. Así, el acreedor hipotecario *(mortgagee)* no tiene derecho de posesión, sino que tiene que realizar un juicio hipotecario y vender la propiedad si el deudor hipotecario *(mortgagor)* no cumple con los pagos.

life cycle costing In property management, comparing one type of equipment to another based on both purchase cost and operating cost over its expected useful lifetime.

- **costeo del ciclo de vida** En la administración de propiedades, es la comparación de un tipo de equipo frente a otro basándose tanto en el costo de adquisición como en el costo de operación a lo largo de la vida útil esperada de dicho equipo.

life estate An interest in real or personal property that is limited in duration to the lifetime of its owner or some other designated person or persons.

- **derecho vitalicio, propiedad vitalicia** Un interés en un inmueble o propiedad personal que está limitado en su duración por la vida del derechohabiente o de alguna(s) otra(s) persona(s) designada(s).

life tenant A person in possession of a life estate.

- **propietario vitalicio** Un persona en posesión de un derecho vitalicio sobre un inmueble.

like-kind property *See* exchange.

- **propiedad de clase similar** *Véase* intercambio.

limited partnership *See* partnership.

- **sociedad limitada** *Véase* asociación.

liquidated damages An amount predetermined by the parties to a contract as the total compensation to an injured party should the other party breach the contract.

- **daños liquidados** Un cantidad predeterminada por las partes de un contrato como la compensación total a una parte afectada si la otra parte viola el contrato.

liquidity The ability to sell an asset and convert it into cash, at a price close to its true value, in a short period of time.

- **liquidez** La capacidad de vender un bien y convertirlo en efectivo, a un precio cercano a su valor real, en un plazo corto de tiempo.

lis pendens A recorded legal document giving constructive notice that an action affecting a particular property has been filed in either a state or a federal court.

- **litispendencia** Un documento legal registrado que da notificación presunta de que una acción que afecta a una propiedad en particular ha sido presentada ya sea en un tribunal estatal o en uno federal.

listing agreement A contract between an owner (as principal) and a real estate broker (as agent) by which the broker is employed as agent to find a buyer for the owner's real estate on the owner's terms, for which service the owner agrees to pay a commission.

- **contrato (acuerdo) de venta** Un contrato entre un dueño (en calidad de principal) y un corredor de bienes raíces (en calidad de agente) mediante el cual el corredor queda empleado como agente con el fin de encontrar un comprador del inmueble del dueño, de acuerdo con los términos de éste, y por cuyo servicio el dueño acuerda pagar una comisión.

listing broker The broker in a multiple-listing situation from whose office a listing agreement is initiated, as opposed to the cooperating broker, from whose office negotiations leading up to a sale are initiated. The listing broker and the cooperating broker may be the same person.

- **corredor (agente) de ventas** El corredor de bienes raíces en una situación de venta múltiple desde cuya oficina se inicia el acuerdo de venta, en contraste con un corredor en cooperación (*cooperating broker*) desde cuya oficina se inician las negociaciones que llevan a cabo la venta. El corredor de venta y el corredor en cooperación pueden ser la misma persona.

littoral rights (1) A landowner's claim to use water in large navigable lakes and oceans adjacent to his or her property. (2) The ownership rights to land bordering these bodies of water up to the highwater mark.

- **derechos litorales** (1) El derecho del dueño de un inmueble de usar el agua de lagos navegables y de océanos adyacentes a su propiedad. (2) Los derechos de titularidad de terrenos junto a estas aguas hasta la marca de agua alta.

loan origination fee A fee charged to the borrower by the lender for making a mortgage loan. The fee is usually computed as a percentage of the loan amount.

- **cuota para originar un préstamo** Una cuota cargada al prestatario por el prestamista por la realización de un préstamo hipotecario. La cuota generalmente se calcula como un porcentaje de la cantidad del préstamo.

loan-to-value ratio The relationship between the amount of the mortgage loan and the value of the real estate being pledged as collateral.

- **préstamo a valor** La relación que hay entre la cantidad del préstamo hipotecario y el valor del inmueble que se está poniendo como garantía.

locational obsolescence *See* external obsolescence.

- **obsolescencia de ubicación** *Véase* obsolescencia externa.

lot-and-block (recorded plat) system A method of describing real property that identifies a parcel of land by reference to lot and block numbers within a subdivision, as specified on a recorded subdivision plat.

- **sistema de lote y manzana (plano catastral registrado)** Un método de descripción de inmuebles que identifica a una parcela de terreno haciendo referencia a sus números de lote y de manzana dentro de una subdivisión, como se especifique en un plano catastral de subdivisión registrado.

management agreement A contract between the owner of income property and a management firm or individual property manager that outlines the scope of the manager's authority.

- **contrato (acuerdo) de administración** Un contrato entre el dueño de un inmueble productor de ingresos y una compañía administradora o un administrador de bienes raíces individual que esboza el alcance de la autoridad del administrador.

market A place where goods can be bought and sold and a price established.

- **mercado** Un lugar donde se pueden comprar y vender bienes y donde se puede establecer un precio por ellos.

marketable title Good or clear title, reasonably free from the risk of litigation over possible defects.

- **título comerciable** Un título bueno o limpio, razonablemente libre de riesgos de litigio respecto a defectos posibles.

market price The actual selling price of a property.

- **precio de mercado** El precio real de venta de un inmueble.

market value The most probable price property would bring in an arm's-length transaction under normal conditions on the open market.

- **valor de mercado** El precio más probable de venta de un inmueble en una transacción independiente bajo las condiciones normales del mercado abierto.

master plan A comprehensive plan to guide the long-term physical development of a particular area.

- **plan urbano maestro** Un plan amplio que sirve de guía para el desarrollo físico a largo plazo de una zona en particular.

material fact A fact that would be likely to affect the judgment of a person to whom it is known, such as information concerning the poor physical condition of a building that is for sale.

- **hecho relevante** Un hecho que muy probablemente afectaría la opinión de una persona si se da a conocer, por ejemplo información sobre condiciones físicas deficientes de un edificio que esté puesto a la venta.

mechanic's lien A statutory lien created in favor of contractors, laborers and materialmen who have performed work or furnished materials in the erection or repair of a building.

- **gravamen de una constructora o de un constructor** Un gravamen de retención (preferencial) estatutario creado a favor de los contratistas, trabajadores y proveedores de materiales que han desempeñado trabajos o suministrado materiales para la erección o reparación de un edificio.

meridian One of a set of imaginary lines running north and south and crossing a base line at a definite point, used in the rectangular (government) survey system of property description.

- **meridiano** Una de las líneas imaginarias de un conjunto que corre de norte a sur y que cruza una línea base en un punto definitivo, usado en el sistema de agrimensura de terrenos rectangular (gubernamental) usado en la descripción de propiedades.

metes-and-bounds description A legal description of a parcel of land that begins at a well-marked point and follows the boundaries, using directions and distances around the tract, back to the place of beginning.

- **descripción de medidas y límites** Una descripción legal de una parcela de terreno que comienza en un punto bien marcado y sigue las colindancias, usando direcciones y distancias alrededor del terreno, y regresa al lugar donde se comenzó.

mill   One-tenth of one cent. Some states use a mill rate to compute real estate taxes; for example, a rate of 52 mills would be $0.052 tax for each dollar of assessed valuation of a property.

■ **milésimo**   Una décima parte de un centavo. Algunos estados utilizan los milésimos para calcular los impuestos de los bienes raíces; por ejemplo, una tasa de 52 milésimos sería un impuesto de $0.052 por cada dólar del valor tasado de una propiedad.

minor   Someone who has not reached the age of majority and therefore does not have legal capacity to transfer title to real property.

■ **menor**   Una persona que no ha alcanzado la mayoría de edad y, por lo tanto, no tiene capacidad legal para transferir título inmobiliario.

minority   As defined in the Civil Rights Act of 1968 as part of the Fair Housing Law "'minority' means any group, or any member of a group that can be identified either: (1) by race, color, religion, sex or national origin; or (2) by any other characteristic on the basis of which discrimination is prohibited by a federal, state, or local fair housing law." (As of 1988, includes handicap and familial status.)

■ **minoría**   Según se le define en la Ley de los Derechos Civiles de 1968, como parte de la Ley de *Fair Housing* (Igualdad en todo lo relacionado a la adquisición de viviendas), "'minoría' significa cualquier grupo, o cualquier miembro de un grupo que pueda ser identificado por su: (1) raza, color, religión, sexo, u origen nacional; o (2) por cualquier otra característica en base a la cual se prohibió la discriminación por las leyes federales, estatales o locales de *fair housing*". (Ya para 1988, incluía también la incapacidad y el estado civil.)

misrepresentation   A false statement, or concealment, of material fact with the intention of inducing action of another.

■ **declaración (representación) falsa**   Una declaración falsa u ocultación de un hecho relevante con la intención de inducir un acto por parte de otra persona.

monetary policy   Governmental regulation of the amount of money in circulation through such institutions as the Federal Reserve Board.

■ **política (norma) monetaria**   Regulación gubernamental de la cantidad de dinero en circulación a través de instituciones tales como el Consejo de la Reserva Federal *(Federal Reserve Board).*

month-to-month tenancy A periodic tenancy under which the tenant rents for one month at a time. In the absence of a rental agreement (oral or written) a tenancy is generally considered to be month to month.

- **inquilinato de mes a mes** Un inquilinato periódico bajo el cual el inquilino paga renta mes a mes. En ausencia de un contrato o acuerdo de renta (oral o escrito) un inquilinato se considera generalmente como del tipo de mes a mes.

monument A fixed natural or artificial object used to establish real estate boundaries for a metes-and-bounds description.

- **hito** Un objeto fijo natural o artificial que se usa para fijar los límites de un inmueble en una descripción de los confines de un inmueble.

mortgage A conditional transfer or pledge of real estate as security for the payment of a debt. Also, the document creating a mortgage lien.

- **hipoteca** Una transferencia condicional o una caución de un inmueble como garantía del pago de una deuda. También dícese del documento que crea un gravamen hipotecario.

mortgage banker Mortgage loan companies that originate, service and sell loans to investors.

- **banquero hipotecario** Compañías de préstamos hipotecarios que dan origen, servicio y ponen a la venta préstamos a inversionistas.

mortgage broker An agent of a lender who brings the lender and borrower together. The broker receives a fee for this service.

- **agente hipotecario** Un agente hipotecario que reúne al prestamista y al prestatario. El agente recibe un pago por este servicio.

mortgagee A lender in a mortgage loan transaction.

- **acreedor hipotecario** Un prestamista en una transacción de un préstamo hipotecario.

mortgage lien A lien or charge on the property of a mortgage that secures the underlying debt obligations.

- **gravamen hipotecario** Un derecho o cargo sobre la propiedad de un deudor hipotecario que asegura las obligaciones subyacentes de la deuda.

mortgagor A borrower in a mortgage loan transaction.

- **deudor hipotecario** Un prestatario en una transacción de un préstamo hipotecario.

multiperil policies Insurance policies that offer protection from a range of potential perils, such as those of a fire, hazard, public liability and casualty.

- **pólizas contra múltiples peligros (riesgos)** Pólizas de seguro que ofrecen protección contra una gama de peligros potenciales, como lo son los incendios, los riesgos, la responsabilidad civil y los accidentes.

multiple-listing clause A provision in an exclusive listing for the authority and obligation on the part of the listing broker to distribute the listing to other brokers in the multiple-listing organization.

- **cláusula de venta múltiple** Una estipulación en un acuerdo exclusivo respecto a la autoridad y obligación que tiene el agente o corredor de la venta de distribuir dicha venta o informe sobre la propiedad a otros agentes en una organización de ventas múltiples.

multiple-listing service (MLS) A marketing organization composed of member brokers who agree to share their listing agreements with one another in the hope of procuring ready, willing and able buyers for their properties more quickly than they could on their own. Most multiple-listing services accept exclusive-right-to-sell or exclusive agency listings from their member brokers.

- **servicio múltiple de ventas** Una organización de mercadeo, compuesta de agentes afiliados a ella, que están de acuerdo en compartir sus informes de propiedades entre sí, con la esperanza de conseguir compradores ya listos, dispuestos y capaces de adquirir dichas propiedades más rápido que lo que podrían lograr por sí mismos. La mayoría de los servicios múltiples de ventas aceptan acuerdos de derecho exclusivo de venta o de agencia exclusiva de parte de sus corredores afiliados.

municipal utility district An area created outside a city for the purpose of furnishing water and sewerage.

- **distrito municipal de servicios públicos** Una zona creada en las afueras de una ciudad con el propósito de proveer agua y alcantarillado.

narrative appraisal report The longest and most thorough appraisal report, containing a summary of all factual materials, techniques and appraisal methods used in setting forth the appraiser's conclusion of value.

■ **informe de avalúo en forma narrativa** El informe de avalúo más extenso y completo. Contiene un resumen de todos los materiales reales, técnicos y métodos de tasación que se utilizaron para exponer las conclusiones del tasador respecto al valor del inmueble.

negative cash flow *See* cash flow.

■ **flujo negativo de efectivo** *Véase* flujo de efectivo.

negotiable instrument A written promise or order to pay a specific sum of money that may be transferred by endorsement or delivery. The transferee then has the original payee's right to payment.

■ **título negociable** Una promesa u orden por escrito de pagar una suma específica de dinero que puede ser transferida mediante endoso o entrega. El receptor de la transferencia tiene entonces el derecho al pago que tenía el acreedor.

net lease A lease requiring the tenant to pay not only rent but also costs incurred in maintaining the property, including taxes, insurance, utilities and repairs.

■ **arrendamiento neto** Un contrato de arrendamiento mediante el cual el arrendatario paga no sólo la renta sino también los costos incurridos por el mantenimiento de la propiedad, incluyendo los impuestos, el seguro, los servicios públicos y las reparaciones.

net listing A listing based on the net price the seller will receive if the property is sold. Under a net listing the broker can offer the property for sale at the highest price obtainable to increase the commission. This type of listing is illegal in many states.

■ **acuerdo neto de venta** Un acuerdo basado en el precio neto que el vendedor recibirá si se vende la propiedad. Bajo un acuerdo neto, el corredor de bienes raíces puede ofrecer la propiedad a la venta al precio más alto que pueda obtener, con el fin de incrementar la comisión. Este tipo de acuerdo es ilegal en muchos estados.

net operating income (NOI) The income projected for an income-producing property after deducting losses for vacancy and collection and operating expenses.

■ **ingreso neto de operación** El ingreso proyectado para una propiedad productiva de ingresos después de deducir las pérdidas por desocupación y los gastos de cobranza y de operación.

net price The amount the seller receives after deducting sales expenses.

■ **precio neto** La cantidad que el vendedor recibe después de deducir los gastos de venta.

nonconforming use A use of property that is permitted to continue after a zoning ordinance prohibiting it has been established for the area.

■ **uso no conforme** El permiso de continuar el uso de un inmueble después del establecimiento de una disposición zonal que lo prohíbe.

nonexclusive listing *See* open listing.

■ **acuerdo no exclusivo** *Véase* acuerdo abierto de venta.

nonhomogeneity A lack of uniformity; dissimilarity. Because no two parcels of land are exactly alike, real estate is said to be nonhomogeneous.

■ **sin homogeneidad** Falta de uniformidad; desemejanza. Debido a que no hay dos parcelas de terreno que sean exactamente iguales, dícese que los bienes raíces carecen de homogeneidad.

note *See* promissory note.

- **pagaré, vale** *Véase* pagaré.

notice Knowledge of a fact; actual notice is express or implied knowledge of a fact; constructive notice is knowledge of a fact that is imputed to a person by law because of the person's actual notice of circumstances and the inquiry that a prudent person would have been expected to make; legal notice is information required to be given by law.

- **aviso, notificación** Conocimiento de un hecho; la notificación efectiva es el conocimiento expreso o implícito de un hecho; la notificación presunta es el conocimiento de un hecho que le es imputado a una persona por la ley debido a la notificación real, dada a la persona, de las circunstancias, y a la averiguación que, al respecto, es de esperar que hubiese hecho una persona prudente; notificación legal es la información requerida que debe darse por ley.

novation Substituting a new obligation for an old one or substituting new parties to an existing obligation.

- **novación** Substitución de una nueva obligación por una obligación vieja, o substitución de nuevas partes en una obligación actual.

null and void Of no legal validity of effect.

- **nulo y sin efecto** Sin validez o efecto legal.

nuncupative will An oral will declared by the testator in his or her final illness, made before witnesses and afterward reduced to writing.

- **testamento nuncupativo (abierto)** Un testamento oral declarado por el testador durante su enfermedad final (lecho de muerte), realizado frente a testigos y más tarde, puesto por escrito.

obsolescence The loss of value due to factors that are outmoded or less useful. Obsolescence may be functional or economic.

- **obsolescencia** La pérdida de valor debida a factores pasados de moda o de menor utilidad. La obsolescencia puede ser funcional o económica.

occupancy permit A permit issued by the appropriate local governing body to establish that the property is suitable for habitation by meeting certain safety and health standards.

- **permiso de ocupación** Un permiso emitido por una organización del gobierno local, en el que se establece que la propiedad es adecuada para ser habitada mediante el cumplimiento de ciertas normas de seguridad y de salud.

offer and acceptance Two essential components of a valid contract; a "meeting of the minds."

- **oferta y aceptación** Dos componentes esenciales de un contrato válido; el llegar a un "mismo parecer", a un "estar de acuerdo".

offeror/offeree The person who makes the offer is the offeror. The person to whom the offer is made is the offeree.

- **ofertante/receptor de la oferta** La persona que hace la oferta se conoce como ofertante u oferente. La persona que recibe la propuesta se conoce como la persona a quien se le hace la oferta.

Office of Thrift Supervision (OTS) Monitors and regulates the savings and loan industry. OTS was created by FIRREA.

- **Oficina Supervisora de la Frugalidad (economía)** Vigila y regula a la industria de las instituciones de ahorro y préstamo. La *OTS* fue creada por *FIRREA.*

open-end loan A mortgage loan that is expandable by increments up to a maximum dollar amount, the full loan being secured by the same original mortgage.

- **préstamo abierto** Un préstamo hipotecario que se puede expandir mediante incrementos hasta una cantidad máxima en dólares, el préstamo completo sigue estando garantizado por la misma hipoteca original.

open listing A listing contract under which the broker's commission is contingent on the broker's producing a ready, willing and able buyer before the property is sold by the seller or another broker.

- **acuerdo abierto de venta** Un contrato de venta bajo el cual la comisión del corredor de bienes raíces queda contingente a que el corredor encuentre a un comprador que esté listo, dispuesto y sea capaz de comprar antes de que la propiedad sea vendida por el vendedor o por otro corredor de bienes raíces.

opinion of title An attorney's written evaluation of the condition of the title to a parcel of land after examination of the abstract of title.

- **opinión (parecer) sobre un título de propiedad, opinión de título** Una evaluación escrita de un abogado sobre la condición de un título de propiedad de una parcela de terreno después de haber examinado el extracto del título.

option An agreement to keep open for a set period an offer to sell or purchase property.

- **opción** Un acuerdo de mantener abierta, por un plazo fijo, la oferta de vender o de comprar una propiedad.

option listing Listing with a provision that gives the listing broker the right to purchase the listed property.

- **acuerdo con opción** Un contrato de venta con una estipulación que le da al corredor del contrato el derecho de comprar la propiedad en venta.

ostensible agency A form of implied agency relationship created by the actions of the parties involved rather than by written agreement or document.

- **representación (agencia) aparente** Un tipo de relación de representación implícita, creada por los actos de las partes involucradas, más que por un acuerdo o documento escrito.

package loan A real estate loan used to finance the purchase of both real property and personal property, such as in the purchase of a new home that includes carpeting, window coverings and major appliances.

- **préstamo en paquete** Un préstamo inmobiliario que se usa para financiar la compra tanto del inmueble como de la propiedad personal (mueble), como es el caso de la compra de una casa nueva que incluye el alfombrado, las cortinas y los aparatos domésticos más grandes.

panic peddling The illegal practice of making representations of the entry, or prospective entry, of members of a minority group; blockbusting.

- **vendimia mediante pánico** La práctica ilegal de hacer representaciones respecto al arribo, o probable arribo, de miembros de un grupo minoritario; "rompe-cuadras" *(blockbusting)*.

parol evidence rule A rule of evidence providing that a written agreement is the final expression of the agreement of the parties, not to be varied or contradicted by prior or contemporaneous oral or written negotiations.

- **regla sobre la admisibilidad de pruebas escritas** Una regla de evidencia que estipula que un acuerdo escrito es la expresión final del acuerdo entre las partes, el cual no se puede cambiar ni contradecir por negociaciones orales o escritas anteriores o contemporáneas.

participation mortgage A mortgage loan wherein the lender has a partial equity interest in the property or receives a portion of the income from the property.

- **hipoteca con participación** Un préstamo hipotecario mediante el cual el prestamista tiene un interés parcial en el patrimonio de la propiedad o que recibe una porción del ingreso de dicha propiedad.

partition The division of cotenants' interests in real property when the parties do not all voluntarily agree to terminate the co-ownership; takes place through court procedures.

- **división, partición** La división de los intereses de los co-locatarios (coarrendadores) sobre un inmueble cuando no todas las partes acuerdan voluntariamente finalizar la copropiedad; se realiza a través de procesos judiciales.

partnership An association of two or more individuals who carry on a continuing business for profit as co-owners. Under the law a partnership is regarded as a group of individuals rather than as a single entity. A general partnership is a typical form of joint venture in which each general partner shares in the administration, profits and losses of the operation. A limited partnership is a business arrangement whereby the operation is administered by one or more general partners and funded, by and large, by limited or silent partners, who are by law responsible for losses only to the extent of their investments.

- **asociación** Una asociación de dos o más individuos que llevan a cabo un negocio continuo para obtener un lucro en calidad de copropietarios. De acuerdo con la ley, una asociación es considerada como un grupo de individuos, más que como una entidad única. Una asociación general es una forma típica de empresa conjunta en la que cada socio general comparte la administración, las ganancias y las pérdidas de la operación. Una asociación limitada es un arreglo de negocios a través del cual la operación se administra por uno o por más de un socio general y con apoyo financiero, en la mayoría de las veces, proveniente de socios limitados o silenciosos, quienes, por ley, son responsables por las pérdidas sólo hasta la extensión de sus inversiones.

party wall A wall that is located on or at a boundary line between two adjoining parcels of land and is used or is intended to be used by the owners of both properties.

■ **muro divisorio** Un muro o pared ubicado sobre o en una línea de confín (límite) entre dos parcelas de terreno adjuntas y que se usa, o que tiene la intención de que se le use, por los dueños de ambas propiedades.

patent A grant or franchise of land from the United States government.

■ **patente** Una concesión o franquicia de terreno por parte del gobierno de los Estados Unidos.

payment cap The limit on the amount the monthly payment can be increased on an adjustable-rate mortgage when the interest rate is adjusted.

■ **tope de los pagos** El límite sobre la cantidad de pago mensual que se puede incrementar en una hipoteca de tasa ajustable, cuando se ajuste la tasa de interés.

payoff statement *See* reduction certificate.

■ **declaración de liquidación** *Véase* certificado de reducción.

percentage lease A lease, commonly used for commercial property, whose rental is based on the tenant's gross sales at the premises; it usually stipulates a base monthly rental plus a percentage of any gross sales above a certain amount.

■ **locación (arrendamiento) con porcentaje** Un arrendamiento, que comúnmente se usa para los inmuebles comerciales, cuya renta se basa en las ventas brutas del arrendatario (inquilino) realizadas en esa propiedad; por lo general, se estipula en él una renta mensual base más un porcentaje de cualquier venta bruta por encima de una cantidad determinada.

percolation test A test of the soil to determine if it will absorb and drain water adequately to use a septic system for sewage disposal.

■ **prueba de filtración** Una prueba de la tierra que se realiza para determinar si ésta absorberá y drenará el agua en forma adecuada para poder usar un sistema séptico para deshacerse de aguas cloacales (aguas negras).

periodic estate (tenancy) *See* estate from period to period.

■ **participación/posesión periódica** *Véase* posesión periódica.

personal property Items, called chattels, that do not fit into the definition of real property; movable objects.

■ **propiedad personal (mueble)** Artículos, llamados *bienes muebles y enseres*, que no quedan dentro de la definición de un bien raíz (un inmueble); es decir son objetos que se pueden mover (muebles).

physical deterioration A reduction in a property's value resulting from a decline in physical condition; can be caused by action of the elements or by ordinary wear and tear.

■ **deterioro físico** Una reducción en el valor de una propiedad que es el resultado de una decadencia en las condiciones físicas; puede ser causada por la acción de elementos naturales o por el desgaste común o normal.

PITI Principal, interest, taxes and insurance.

● **"PITI"** Siglas en inglés de: *Principal, interest, taxes and insurance*. Capital, intereses, impuestos y seguro.

planned unit development (PUD) A planned combination of diverse land uses, such as housing, recreation and shopping, in one contained development or subdivision.

■ **desarrollo planificado de unidades** Una combinación planificada de diversos usos del terreno, tales como viviendas, zonas recreativas y zonas comerciales (de compras), dentro de un desarrollo o subdivisión.

planning commission An agency of local government charged with planning the development, redevelopment or preservation of an area.

■ **comisión de planificación** Una agencia del gobierno local que está encargada de la planificación del desarrollo, de un nuevo desarrollo o de la preservación de una zona.

plat map A map of a town, section or subdivision indicating the location and boundaries of individual properties.

■ **mapa de un plano catastral** Un mapa de un pueblo, sección o subdivisión en que se indica la ubicación y los confines de las propiedades individuales.

plottage The increase in value or utility resulting from the consolidation (assemblage) of two or more adjacent lots into one larger lot.

■ **combinación de superficies** El incremento en el valor o en la utilidad que resulta de la consolidación (reunir, juntar) de dos o más lotes de terreno adjuntos para formar un lote más grande.

point of beginning (POB) In a metes-and-bounds legal description, the starting point of the survey, situated in one corner of the parcel; all metes-and-bounds descriptions must follow the boundaries of the parcel back to the point of beginning.

■ **punto de inicio** En la descripción legal de los confines (límites) de un inmueble, el punto de partida de una agrimensura catastral, ubicado en una esquina de la parcela; todas las descripciones de los confines tienen que seguir los lindes de la parcela hasta regresar al punto de inicio.

points One point represents one percentage point of a loan amount; may be charged by lenders at the time of the loan funding to increase the loan's effective interest rate.

■ **puntos (porcentuales)** Un punto representa un punto porcentual (1%) de la cantidad de un préstamo; puede cargársele a los prestamistas al momento en que se otorgan los fondos para el préstamo con el fin de aumentar la tasa de interés efectiva del préstamo.

police power The government's right to impose laws, statutes and ordinances, including zoning ordinances and building codes, to protect the public health, safety and welfare.

■ **poder de policía, potestad de gobierno** El derecho del gobierno de imponer leyes, estatutos y ordenanzas, incluyendo las ordenanzas zonales y los códigos de construcción, con el fin de proteger la salud, la seguridad y el bienestar del público.

power of attorney A written instrument authorizing a person, the attorney-in-fact, to act as agent for another person to the extent indicated in the instrument.

- **carta poder** Documento (instrumento) escrito mediante el cual se autoriza a una persona, el apoderado *(attorney-in-fact)*, para que se desempeñe como un agente a nombre de otra persona con los límites indicados en el propio documento.

prepaid items On a closing statement, items that have been paid in advance by the seller, such as insurance premiums and some real estate taxes, for which he or she must be reimbursed by the buyer.

- **artículos prepagados** En un balance final, son los artículos que el vendedor ha pagado por adelantado, por ejemplo las primas de seguro y algunos impuestos prediales los cuales deben ser reembolsados por el comprador.

prepayment penalty A charge imposed on a borrower who pays off the loan principal early. This penalty compensates the lender for interest and other charges that would otherwise be lost.

- **multa por pago adelantado** Cargo impuesto al prestatario por pagar una obligación antes de su vencimiento. Esta sanción compensa al prestamista por el interés y por otros cargos que de otra forma se hubiesen perdido.

price-fixing *See* antitrust laws.

- **fijación de precios** *Véase* leyes antimonopolio.

primary mortgage market The mortgage market in which loans are originated and consisting of lenders such as commercial banks, savings and loan associations and mutual savings banks.

- **mercado hipotecario primario** El mercado hipotecario en que se originan los préstamos compuesto de prestamistas, como los bancos comerciales, las asociaciones de ahorro y préstamo y los bancos de ahorro mutuo.

prime rate Interest rate banks charge their most favorably rated commercial borrowers.

- **tasa de interés preferencial** Una tasa de interés que los bancos les cobran a sus prestatarios comerciales que gozan de la tasa más favorable.

principal (1) A sum loaned or employed as a fund or an investment, as distinguished from its income or profits. (2) The original amount (as in a loan) of the total due and payable at a certain date. (3) A main party to a transaction—the person for whom the agent works.

■ **capital (1) y (2); principal (3)** (1) Una cantidad prestada o empleada como un fondo o como una inversión, a diferencia de sus ingresos o ganancias. (2) La cantidad original (por ejemplo en un préstamo) del total debido y pagadero en una cierta fecha. (3) Una de las partes principales en una transacción—la persona para la que trabaja un agente o corredor.

principal meridian The main imaginary line running north and south and crossing a base line at a definite point, used by surveyors for reference in locating and describing land under the rectangular (government) survey system of legal description.

■ **meridiano principal** La línea imaginaria principal que corre de norte a sur y que cruza una línea base en un punto definido, y que se usa por los agrimensores como referencia en la ubicación y descripción del terreno de acuerdo con el sistema de agrimensura de terrenos rectangular (gubernamental) de descripción legal.

prior appropriation A concept of water ownership in which the landowner's right to use available water is based on a government-administered permit system.

■ **apropiación prioritaria** Un concepto sobre la propiedad de aguas en las que el derecho del dueño del terreno de usar el agua disponible está basado en un sistema de permisos administrado por el gobierno.

priority The order of position or time. The priority of liens is generally determined by the chronological order in which the lien documents are recorded; tax liens, however, have priority even over previously recorded liens.

■ **prioridad** El orden en la ubicación o en el tiempo. La prioridad de los gravámenes *(liens)* generalmente está determinada por el orden cronológico en el que los documentos de estos gravámenes han sido registrados (anotados); sin embargo, los gravámenes por impuestos tienen prioridad, aun ante otros derechos de retención que hayan sido registrados antes.

private mortgage insurance (PMI) Insurance provided by private carrier that protects a lender against a loss in the event of a foreclosure and deficiency.

- **seguro hipotecario privado (particular)** Un seguro suministrado por una aseguradora privada que protege a un prestamista contra una pérdida en caso de que acontezca un juicio hipotecario *(foreclosure)* y deficiencia.

probate A legal process by which a court determines who will inherit a decedent's property and what the estate's assets are.

- **validación de un testamento** Un proceso legal mediante el cual un tribunal determina quién heredará la propiedad de una persona fallecida y cuáles son los bienes del caudal hereditario.

procuring cause The effort that brings about the desired result. Under an open listing the broker who is the procuring cause of the sale receives the commission.

- **causa próxima** El esfuerzo que produce el resultado anhelado. Bajo una venta abierta, el corredor que es la causa próxima de la venta recibe la comisión.

progression An appraisal principle that states that, between dissimilar properties, the value of the lesser-quality property is favorably affected by the presence of the better-quality property.

- **progresión** Un principio de avalúo que dice que, entre propiedades no semejantes, el valor de la propiedad de menor calidad se ve afectada favorablemente por la presencia de una propiedad de mejor calidad.

promissory note A financing instrument that states the terms of the underlying obligation, is signed by its maker and is negotiable (transferable to a third party).

- **pagaré** Un documento financiero que indica los términos de la obligaciones subyacentes, se firma por quien lo hizo y es negociable (transferible a un tercero).

property manager Someone who manages real estate for another person for compensation. Duties include collecting rents, maintaining the property and keeping up all accounting.

■ **administrador de propiedades** Alguien que administra un bien raíz a nombre de otra persona por una compensación. Sus labores incluyen el cobro de rentas, el mantenimiento de la propiedad y la realización actualizada de la contabilidad.

property reports The mandatory federal and state documents compiled by subdividers and developers to provide potential purchasers with facts about a property prior to their purchase.

■ **informes sobre la propiedad** Los documentos obligatorios federales y estatales compilados por las empresas que subdividen terrenos y por los urbanizadores con el fin de brindarle a los compradores potenciales los datos relacionados con una propiedad antes de que realicen la compra.

proprietary lease A lease given by the corporation that owns a cooperative apartment building to the shareholder for the shareholder's right as a tenant to an individual apartment.

■ **arrendamiento propietario** Un arrendamiento dado por una corporación que es dueña de un edificio de apartamentos a un accionista debido al derecho de dicho accionista como inquilino (arrendatario) de un apartamento individual.

prorations Expenses, either prepaid or paid in arrears, that are divided or distributed between buyer and seller at the closing.

■ **prorrataciones** Gastos, ya sean pagados de antemano o pagados en forma demorada, que se dividen o distribuyen entre el comprador y el vendedor al momento de efectuar el cierre.

protected class Any group of people designated as such by the Department of Housing and Urban Development (HUD) in consideration of federal and state civil rights legislation. Currently includes ethnic minorities, women, religious groups, the handicapped and others.

■ **clase protegida** Cualquier grupo de personas designado así por el Departamento de la Vivienda y del Desarrollo Urbano *(HUD)* de acuerdo con la legislación federal y estatal sobre los derechos civiles. En la actualidad incluye minorías étnicas, mujeres, grupos religiosos, personas minusválidas y otros.

puffing Exaggerated or superlative comments or opinions.

- **alardear con exageración** Las opiniones o comentarios exagerados o superlativos.

pur autre vie "For the life of another." A life estate pur autre vie is a life estate that is measured by the life of a person other than the grantee.

- **por otra vida** "Por la vida de otra persona". Una propiedad bajo derecho vitalicio *pur autre vie* es una propiedad que se mide por la vida de otra persona que no es el donatario (receptor).

purchase money mortgage (PMM) A note secured by a mortgage or deed of trust given by a buyer, as borrower, to a seller, as lender, as part of the purchase price of the real estate.

- **hipoteca que garantiza el pago del dinero de la compra** Un pagaré garantizado por una hipoteca o escritura de fideicomiso dado por un comprador, en calidad de prestatario, a un vendedor, en calidad de prestamista, como parte del precio de compra de un bien raíz.

pyramiding The process of acquiring additional properties by refinancing properties already owned and investing the loan proceeds in additional properties.

- **proceso pirámide** El proceso de adquirir propiedades adicionales mediante el refinanciamiento de inmuebles que ya son propiedad de la persona y mediante la inversión de ese préstamo en propiedades adicionales.

quantity-survey method The appraisal method of estimating building costs by calculating the cost of all of the physical components in the improvements, adding the cost to assemble them and then including the indirect costs associated with such construction.

- **método de agrimensura de terrenos en cantidad** El método de avalúo para estimar los costos de construcción a través del cálculo del costo de todos los componentes físicos en las mejoras, añadiéndoles el costo de reunirlos, y después incluyendo los costos indirectos asociados con tal construcción.

quiet title A court action to remove a cloud on the title.

- **título pleno (sin trabas)** Un acto del tribunal con el fin de quitar una duda en el título.

quitclaim deed A conveyance by which the grantor transfers whatever interest he or she has in the real estate, without warranties or obligations.

- **escritura de finiquito** Una cesión o transferencia de derechos mediante la cual el otorgante transfiere cualquier interés que él o ella tenga en el inmueble, sin garantías ni obligaciones.

range A strip of land six miles wide, extending north and south and numbered east and west according to its distance from the principal meridian in the rectangular (government) survey system of legal description.

- **extensión** Una franja de terreno que mide seis millas de ancho, y que se extiende de norte a sur y que está numerado de este a oeste, de acuerdo con su distancia hasta el meridiano principal en el sistema de agrimensura de terrenos rectangular (gubernamental) de descripción legal.

rate cap The limit on the amount the interest rate can be increased at each adjustment period in an adjustable-rate loan. The cap may also set the maximum interest rate that can be charged during the life of the loan.

- **tope en la tasa (de interés)** El límite en el monto de la tasa de interés que se puede incrementar en cada período de ajuste en un préstamo con tasa ajustable. El tope también podría fijar la máxima tasa de interés que pueda cobrarse durante la vida del préstamo.

ratification Method of creating an agency relationship in which the principal accepts the conduct of someone who acted without prior authorization as the principal's agent.

- **ratificación** Método de crear una relación de agencia en la que el principal acepta la conducta de alguien que actuó, sin su autorización previa, como su agente.

ready, willing and able buyer One who is prepared to buy property on the seller's terms and is ready to take positive steps to consummate the transaction.

- **comprador ya listo, dispuesto y capaz de adquirir** Una persona que está preparada para comprar propiedad de acuerdo con los términos de un vendedor y que está listo para tomar los pasos decisivos con el fin de consumar la transacción.

real estate Land: a portion of the earth's surface extending downward to the center of the earth and upward infinitely into space, including all things permanently attached to it, whether naturally or artificially.

- **bien raíz, bienes raíces, inmueble** Terreno; una porción de la superficie de la Tierra que se extiende hacia adentro, hacia el centro de la misma, y hacia arriba infinitamente hacia el espacio, incluyendo todas las cosas colocadas en ella en forma permanente, se haya hecho esto en forma natural o artificial.

real estate investment conduit (REMIC) Trust ownership of real estate by a group of at least 100 individuals who purchase certificates of ownership in the trust, which in turn invests the money in real property and distributes the profits back to the investors free of corporate income tax.

- **conducto de inversiones en bienes raíces** Tenencia en fideicomiso de un inmueble por un grupo de por lo menos 100 individuos que compran escrituras de propiedad en el fideicomiso, el que a su vez invierte el dinero en bienes raíces y distribuye las ganancias entre los inversionistas sin que éstas estén sujetas al impuesto sobre la renta de las corporaciones.

real estate investment syndicate *See* syndicate.

- **sindicato de inversiones en bienes raíces** *Véase* sindicato.

real estate investment trust (REIT) Trust ownership of real estate by a group of individuals who purchase certificates of ownership in the trust which in turn invests the money in real property and distributes the profits back to the investors free of corporate income tax.

- **fideicomiso de inversiones en bienes raíces** Tenencia en fideicomiso de un inmueble por un grupo de individuos que compran certificados de propiedad en el fideicomiso, el que a su vez invierte el dinero en bienes raíces y distribuye las ganancias entre los inversionistas sin que estén sujetas al impuesto sobre la renta de las corporaciones.

real estate license law State law enacted to protect the public from fraud, dishonesty and incompetence in the purchase and sale of real estate.

■ **leyes de licencias de bienes raíces** Leyes estatales promulgadas para proteger al público contra fraudes, falta de honradez e incompetencia en la compra y venta de bienes raíces.

real estate mortgage investment conduit (REMIC) A tax entity that issues multiple classes of investor interests (securities) backed by a pool of mortgages.

■ **conducto de inversiones hipotecarias en bienes raíces** Una entidad impositiva que emite múltiples clases de acciones para inversionistas, que está apoyada por un conjunto de hipotecas.

real estate recovery fund A fund established in some states from real estate license revenues to cover claims of aggrieved parties who have suffered monetary damage through the actions of a real estate licensee.

■ **fondo de recuperación de bienes raíces** Un fondo establecido por algunos estados tomado de los ingresos de las licencias otorgadas para la venta de bienes raíces con el fin de cubrir las demandas de las partes agraviadas que sufran un daño monetario por los actos de una persona con licencia de vender bienes raíces.

Real Estate Settlement Procedures Act (RESPA) The federal law that requires certain disclosures to consumers about mortgage loan settlements. The law also prohibits the payment or receipt of kickbacks and certain kinds of referral fees.

■ **Ley de Procedimientos de Transacción en los Bienes Raíces** La ley federal que obliga ciertas divulgaciones a los consumidores acerca de las transacciones o arreglos en los préstamos hipotecarios. La ley también prohíbe el pago o el recibo de "dinero por debajo del agua" *(kickbacks)* y ciertos tipos de pagos por recomendación (referencia).

real property The interests, benefits and rights inherent in real estate ownership.

■ **titularidad real** Los intereses, beneficios y derechos inherentes a la titularidad de un bien raíz.

REALTOR® A registered trademark term reserved for the sole use of active members of local REALTOR® boards affiliated with the National Association of REALTORS®.

- **"REALTOR®"** El término de una marca registrada reservada para el uso exclusivo de los miembros activos de las juntas locales *REALTOR®* que estén afiliadas con la Asociación Nacional de *REALTORS®*.

reconciliation The final step in the appraisal process, in which the appraiser combines the estimates of value received from the sales comparison, cost and income approaches to arrive at a final estimate of market value for the subject property.

- **reconciliación** El último paso en un proceso de avalúo, en el que el tasador combina los cálculos del valor recibido a partir de los enfoques de comparación de ventas, costos e ingresos para arribar al cálculo final del valor en el mercado de la propiedad objeto.

reconveyance deed A deed used by a trustee under a deed of trust to return title to the trustor.

- **escritura de traspaso inmobiliario** Una escritura utilizada por un fiduciario bajo una escritura de fideicomiso para devolver el título al creador del fideicomiso *(trustor)*.

recording The act of entering or recording documents affecting or conveying interests in real estate in the recorder's office established in each county. Until it is recorded, a deed or mortgage ordinarily is not effective against subsequent purchasers or mortgagees.

- **registro, inscripción** El acto de asentar o registrar documentos que afectan o transfieren intereses en inmuebles, en la oficina de registro establecida en cada condado. Hasta que quede registrada, una escritura o hipoteca generalmente no es efectiva contra compradores o acreedores hipotecarios subsecuentes.

recovery account State fund financed by real estate license fees and intended to help compensate victims of real estate licensee fraud, misrepresentation, deceit or conversion of trust funds, when a court-ordered judgment cannot be collected.

- **cuenta de recuperación** Fondo del estado que está financiado por las cuotas de las licencias para vender bienes raíces, y cuya intención es la de ayudar a compensar a las víctimas de fraudes, falsedades en documentos, engaños o conversión de fondos en fideicomiso, que hayan sido cometidos por personas con este tipo de licencia, cuando no se pueda cobrar una sentencia dictada por el tribunal.

rectangular (government) survey system   A system established in 1785 by the federal government, providing for surveying and describing land by reference to principal meridians and base lines.

- **sistema de agrimensura de terrenos rectangular (gubernamental)**   Un sistema establecido en 1785 por el gobierno federal, que suministra la agrimensura de terrenos y que los describe mediante una referencia a los meridianos principales y a las líneas base.

redemption   The right of a defaulted property owner to recover his or her property by curing the default.

- **redimición**   El derecho de un dueño de una propiedad en incumplimiento de recuperar su propiedad mediante el saneamiento del incumplimiento.

redemption period   A period of time established by state law during which a property owner has the right to redeem his or her real estate from a foreclosure or tax sale by paying the sales price, interest and costs. Many states do not have mortgage redemption laws.

- **plazo (período) de redimición**   Un plazo de tiempo establecido por la ley estatal durante el cual el dueño de una propiedad tiene el derecho de rescatar su inmueble de un juicio hipotecario, o venta para pagar los impuestos, mediante el pago del precio de venta, intereses y costos. Muchos estados no tienen leyes de redimición de hipotecas.

redlining   The illegal practice of a lending institution denying loans or restricting their number for certain areas of a community.

- **"redlining"**   La práctica ilegal de una institución de préstamos de negar préstamos, o de restringir el número de éstos, en determinadas zonas de la comunidad.

reduction certificate (payoff statement)   The document signed by a lender indicating the amount required to pay a loan balance in full and satisfy the debt; used in the settlement process to protect both the seller's and the buyer's interests.

- **certificado de reducción (declaración de liquidación)**   El documento que firma un prestamista indicando la cantidad necesaria para pagar el saldo de un préstamo en su totalidad y así satisfacer la deuda; se usa en el proceso de transacciones o arreglos para proteger tanto los intereses del vendedor como los del comprador.

regression An appraisal principle that states that, between dissimilar properties, the value of the better quality property is affected adversely by the presence of the lesser-quality property.

- **regresión** Un principio de avalúo que dice que, entre propiedades diferentes, el valor de la propiedad de mejor calidad se ve afectada adversamente por la presencia de la propiedad de menor calidad.

Regulation Z Implements the Truth-in-Lending Law requiring credit institutions to inform borrowers of the true cost of obtaining credit.

- **Reglamento Z** Implanta la Ley de Veracidad en los Préstamos *(Truth-in-Lending Law)* que obliga a las instituciones crediticias a informar a los prestatarios el costo verdadero en la obtención de crédito.

release deed A document, also known as a deed of reconveyance, that transfers all rights given a trustee under a deed of trust loan back to the grantor after the loan has been fully repaid.

- **escritura de liberación** Un documento, también conocido como una escritura de traspaso inmobiliario, que transfiere todos los derechos dados a un fiduciario, bajo un préstamo de escritura de fideicomiso, al otorgante, después de que el préstamo ha sido pagado completamente.

remainder interest The remnant of an estate that has been conveyed to take effect and be enjoyed after the termination of a prior estate, such as when an owner conveys a life estate to one party and the remainder to another.

- **interés residual (remanente)** El remanente de un inmueble que ha sido transferido, y que tendrá efecto y se disfrutará después de la terminación de un derecho previo sobre un inmueble, como cuando un dueño transfiere un derecho vitalicio sobre un inmueble a una parte y el remanente a otra.

rent A fixed, periodic payment made by a tenant of a property to the owner for possession and use, usually by prior agreement of the parties.

■ **alquiler** Un pago fijo, periódico, hecho por un inquilino de una propiedad al dueño de la misma, para obtener la posesión y uso, por lo general mediante un acuerdo previo de las partes.

rent schedule A statement of proposed rental rates, determined by the owner or the property manager or both, based on a building's estimated expenses, market supply and demand and the owner's longrange goals for the property.

■ **programa de alquiler** Una declaración de las tarifas de renta propuestas, fijadas por el dueño o el administrador de la propiedad, o ambos, basándose en los gastos estimados de una edificación, la oferta y la demanda del mercado y las metas a largo plazo que tenga el dueño para la propiedad.

replacement cost The construction cost at current prices of a property that is not necessarily an exact duplicate of the subject property but serves the same purpose or function as the original.

■ **costo de reposición** El costo de construcción, a los precios actuales, de una propiedad que no necesariamente es un duplicado exacto de la propiedad objeto, pero que sirve para el mismo propósito o función que la original.

reproduction cost The construction cost at current prices of an exact duplicate of the subject property.

■ **costo de reproducción** El costo de reproducción, a los precios actuales, de un duplicado exacto de la propiedad objeto.

rescission The cancellation of a contract and restoration of the parties to the same position they held before the contract was formed.

■ **rescisión** La cancelación de un contrato y restauración de las partes a la misma posición que tenían antes de que se celebrara el contrato.

Resolution Trust Corporation The organization created by FIRREA to liquidate the assets of failed savings and loan associations.

■ **Corporación Fiduciaria de Resolución** La organización creada por *FIRREA* para liquidar los bienes de las asociaciones de ahorro y préstamo.

restrictive covenants A clause in a deed tha⁺ limits the way the real estate ownership may be used.

■ **pactos restrictivos** Una cláusula en una escritura que limita la forma en que se puede usar la titularidad de un bien raíz.

reverse annuity mortgage (RAM) A loan under which the homeowner receives monthly payments based on his or her accumulated equity rather than a lump sum. The loan must be repaid at a prearranged date or upon the death of the owner or the sale of the property.

■ **hipoteca con anualidad invertida** Un préstamo bajo el cual el dueño de una vivienda recibe pagos mensuales basados en la acumulación de su equidad *(equity)* en lugar de en una suma total. El préstamo tiene que pagarse en una fecha preestablecida o tras la muerte del dueño o la venta de la propiedad.

reversionary interest The remnant of an estate that the grantor holds after granting a life estate to another person.

■ **interés (derecho) de reversión** El remanente del derecho sobre un inmueble que el otorgante mantiene después de otorgar un derecho vitalicio sobre un inmueble a otra persona.

reversionary right The return of the rights of possession and quiet enjoyment to the lessor at the expiration of a lease.

■ **derecho de reversión** El retorno de los derechos de posesión y de goce pacífico al arrendador al expirar el arrendamiento.

right of appropriation Right of government to take, impound or divert water flowing on the public domain from its natural course for some beneficial purpose.

■ **derecho de apropiación** El derecho gubernamental de tomar, confiscar o desviar una corriente de agua, en el dominio público, de su curso natural para algún propósito benéfico.

right of entry Right of the landlord to enter leased premises in certain circumstances.

■ **derecho de entrada** Derecho del dueño de la propiedad de entrar al local alquilado bajo ciertas circunstancias.

right of survivorship *See* joint tenancy.

- **derecho de supervivencia** *Véase* co-dominio (tenencia en común).

right-of-way The right given by one landowner to another to pass over the land, construct a roadway or use as a pathway, without actually transferring ownership.

- **derecho de paso** El derecho dado por un dueño de inmuebles a otro para pasar (cruzar) el terreno, construir un camino o usarlo como una senda, sin que se transfiera la titularidad.

riparian rights An owner's rights in land that borders on or includes a stream, river or lake. These rights include access to and use of the water.

- **derechos ribereños** Los derechos de un propietario sobre el uso de un terreno que colinda con o que incluye un arroyo, un río o un lago. Estos derechos incluyen el acceso al, y el uso del, agua.

risk management Evaluation and selection of appropriate property and other insurance.

- **administración de riesgos** Evaluación y selección de los seguros adecuados para la propiedad y de otra clase.

rules and regulations Real estate licensing authority orders that govern licensees' activities, they usually have the same force and effect as statutory law.

- **reglas y reglamentos** Órdenes de las autoridades que otorgan las licencias de bienes raíces, y que rigen las actividades de las personas con licencia; por lo general tienen la misma fuerza y efecto que las leyes estatutarias.

Rural Economic and Community Development Administration (previously known as the Farmer's Home Administration, FmHA) An agency of the federal government that provides credit assistance to farmers and other individuals who live in rural areas.

- **Administración para el Desarrollo Económico y Comunitario Rural** (anteriormente conocida como Administración del Hogar de Agricultor) Una agencia del gobierno federal que brinda ayuda, mediante créditos a los agricultores y a otras personas que viven en zonas rurales.

S

sale and leaseback A transaction in which an owner sells his or her improved property and, as part of the same transaction, signs a long-term lease to remain in possession of the premises.

- **venta seguida de arrendamiento subsecuente** Una transacción en la que un dueño vende su propiedad mejorada y, como parte de la misma transacción, firma un arrendamiento a largo plazo para mantener posesión del local (lugar).

sales comparison approach The process of estimating the value of a property by examining and comparing actual sales of comparable properties.

- **enfoque de comparación de ventas** El proceso de calcular el valor de una propiedad examinando y comparando las ventas reales de propiedades comparables (similares).

salesperson A person who performs real estate activities while employed by or associated with a licensed real estate broker.

- **vendedor(a)** Una persona que desempeña actividades en bienes raíces al tiempo que está empleada por, o bajo asociación con, un corredor de bienes raíces con licencia.

satisfaction of mortgage A document acknowledging the payment of a mortgage debt.

- **satisfacción (pago) de hipoteca** Un documento en que se reconoce el pago de una deuda hipotecaria.

S corporation A form of corporation taxed as a partnership.

- **corporation (sociedad anónima) "S"** Una forma o tipo de corporación que paga impuestos como si fuese una sociedad.

secondary mortgage market A market for the purchase and sale of existing mortgages, designed to provide greater liquidity for mortgages; also called the secondary money market. Mortgages are first originated in the primary mortgage market.

■ **mercado hipotecario secundario** Un mercado para la compra y venta y de hipotecas existentes, que está diseñado para darle mayor liquidez a las hipotecas; también llamado mercado monetario secundario. Las hipotecas se originan primero en el mercado hipotecario primario o principal.

section A portion of township under the rectangular (government) survey system. A township is divided into 36 sections, numbered one through 36. A section is a square with mile-long sides and an area of one square mile, or 640 acres.

■ **sección** Una porción de un distrito municipal bajo el sistema de agrimensura de terrenos rectangular (gubernamental). Un distrito municipal se divide en 36 secciones, numeradas del uno al 36. Una sección es una cuadra con lados de una milla (1'609 m) de largo y una superficie de una milla cuadrada (2.59 km²), ó 640 acres (25'900.80 áreas).

security agreement *See* Uniform Commercial Code.

■ **acuerdo (contrato) de garantía** *Véase* Código Comercial Uniforme.

security deposit A payment by a tenant, held by the landlord during the lease term and kept (wholly or partially) on default or destruction of the premises by the tenant.

■ **depósito de garantía** El depósito monetario de un inquilino (arrendatario), que guarda el arrendador durante el plazo del arrendamiento y que lo mantiene (en su totalidad o en forma parcial) por si hay incumplimiento o destrucción del local por parte del arrendatario.

separate property Under community property law, property owned solely by either spouse before the marriage, acquired by gift or inheritance after the marriage or purchased with separate funds after the marriage.

■ **propiedad separada (propiedad de un cónyuge)** De acuerdo a la ley de propiedad mancomunada, la propiedad exclusiva de cualquiera de los cónyuges antes del matrimonio, adquirida como regalo, con fondos separados o heredada después del matrimonio.

servient tenement Land on which an easement exists in favor of an adjacent property (called a dominant estate); also called a servient estate.

- **tenencia sirviente** Terreno sobre el que existe una servidumbre en favor de una propiedad adjunta [llamado patrimonio (bien raíz) dominante]; también se le conoce como patrimonio (bien raíz) sirviente.

setback The amount of space local zoning regulations require between a lot line and a building line.

- **línea de edificación** La cantidad de espacio que los reglamentos zonales locales requieren entre una línea de un lote y una línea de construcción.

severalty Ownership of real property by one person only, also called sole ownership.

- **posesión exclusiva** Titularidad sobre un bien raíz de una persona únicamente, también llamada propiedad exclusiva.

severance Changing an item of real estate to personal property by detaching it from the land; for example, cutting down a tree.

- **separación** El cambio de un artículo de un inmueble a propiedad personal (mueble) mediante la separación del terreno; por ejemplo, el cortar un árbol.

sharecropping In an agricultural lease, the agreement between the landowner and the tenant farmer to split the crop or the profit from its sale, actually sharing the crop.

- **aparcería** En un arrendamiento (locación) agrícola, el contrato entre el dueño del inmueble y el cultivador arrendatario con el fin de dividir la cosecha o las ganancias de su venta, de hecho compartiendo la cosecha.

shared appreciation mortgage (SAM) A mortgage loan in which the lender, in exchange for a loan with a favorable interest rate, participates in the profits (if any) the borrower receives when the property is eventually sold.

- **hipoteca de apreciación (incremento en valor) compartida** Un préstamo hipotecario en el que el prestamista, a cambio de un préstamo con una tasa de interés favorable, participa en las ganancias (si las hubiese) que el prestatario reciba cuando la propiedad se llegue a vender.

sheriff's deed Deed given to the purchaser at a court-ordered sale to satisfy a judgment, without warranties.

- **escritura (instrumento) de transferencia judicial** Una escritura dada al comprador durante una venta ordenada por el tribunal para satisfacer un juicio, sin garantías.

sinking fund Fund set aside from the income from property that, with accrued interest, eventually will pay for replacement of the improvements.

- **fondo de amortización** Fondo puesto aparte del ingreso de la propiedad que, con el interés devengado, pagará finalmente por el reemplazo de las mejoras.

situs The personal preference of people for one area over another, not necessarily based on objective facts and knowledge.

- **lugar** La preferencia personal por una zona, en lugar de otra; dicha preferencia no está basada necesariamente en datos objetivos y en conocimiento.

special agent One who is authorized by a principal to perform a single act or transaction; a real estate broker is usually a special agent authorized to find a ready, willing and able buyer for a particular property.

- **agente especial** Una persona que está autorizada por un principal para llevar a cabo un acto o transacción única; un corredor de bienes raíces generalmente es un agente especial autorizado para encontrar un comprador que esté listo, dispuesto y que sea capaz de adquirir una propiedad en particular.

special assessment A tax or levy customarily imposed against only those specific parcels of real estate that will benefit from a proposed public improvement like a street or sewer.

- **tasación para mejoras** Un impuesto o gravamen que comúnmente se impone sólo sobre esas parcelas específicas de inmuebles que se beneficiarán de una mejora pública propuesta, como lo es una calle o una alcantarilla.

special performance An action to compel a breaching party to adhere to a contract obligation, such as an action to compel the sale of land as an alternative to money damages.

■ **cumplimiento especial** Una acción para obligar a una parte en contravención a que se adhiera a la obligación contractual, por ejemplo, un acto que obligue a la venta del terreno como una alternativa a los daños monetarios.

special warranty deed A deed in which the grantor warrants, or guarantees, the title only against defects arising during the period of his or her tenure and ownership of the property and not against defects existing before that time, generally using the language, "by, through or under the grantor but not otherwise."

■ **escritura de garantía especial** Una escritura en la que el otorgante garantiza el título sólo contra defectos que broten durante el plazo de su duración y titularidad de la propiedad y no contra defectos que hayan existido antes de ese tiempo, generalmente utilizando palabras tales como: "mediante, a través de, o bajo el otorgante pero no de otra forma".

specific lien A lien affecting or attaching only to a certain, specific parcel of land or piece of property.

■ **gravamen específico** Un cargo que afecta o que atañe sólo a una parcela de terreno determinada y específica, o a una propiedad.

specific performance A legal action to compel a party to carry out the terms of a contract.

■ **cumplimiento específico** Una acción legal para obligar a una parte a cumplir con los términos del contrato.

spot zoning A change in local zoning ordinance to permit a particular use that is inconsistent with the area's zoning classification. Spot zoning is not favored in law.

■ **planificación de zonas determinadas** Un cambio en las ordenanzas zonales locales para permitir un uso en particular que es inconsistente con la clasificación de la zona. Esta planificación no está favorecida por la ley.

square-foot method The appraisal method of estimating building costs by multiplying the number of square feet in the improvements being appraised by the cost per square foot for recently constructed similar improvements.

- **método de pies cuadrados** El método de avalúo para calcular los costos de construcción multiplicando el número de pies cuadrados en las mejoras que están siendo evaluadas por el costo por pie cuadrado de mejoras similares recientemente construidas.

statute of frauds That part of a state law that requires certain instruments, such as deeds, real estate sales contracts and certain leases, to be in writing to be legally enforceable.

- **estatuto sobre fraudes** Esa parte de la ley estatal que requiere que ciertos instrumentos, tales como las escrituras hipotecarias, los contratos sobre bienes raíces y ciertos arrendamientos, sean por escrito para que tengan validez legal.

statute of limitations That law pertaining to the period of time within which certain actions must be brought to court.

- **ley de prescripción** La ley que tiene que ver con el plazo de tiempo dentro del cual ciertas acciones tienen que llevarse ante un tribunal.

statutory lien A lien imposed on property by statute—a tax lien, for example—in contrast to an equitable lien, which arises out of common law.

- **gravamen estatutario** Un derecho de preferencia impuesto sobre una propiedad por estatuto—por ejemplo, un derecho de preferencia por impuestos—contrastado a un gravamen equitativo, que brota del derecho consuetudinario.

statutory redemption The right of a defaulted property owner to recover the property after its sale by paying the appropriate fees and charges.

- **redimición estatutaria** El derecho del dueño de un inmueble en incumplimiento para recuperar la propiedad después de su venta mediante el pago de las cuotas y cargos apropiados.

steering The illegal practice of channeling home seekers to particular areas, either to maintain the homogeneity of an area or to change the character of an area, which limits their choices of where they can live.

■ **conducción** La práctica ilegal de canalizar a quienes buscan vivienda a ciertas zonas en particular, ya sea para mantener la homogeneidad de una zona o para cambiar las características de una zona, lo cual limita la selección de lugares donde puedan vivir.

straight-line method A method of calculating depreciation for tax purposes, computed by dividing the adjusted basis of a property by the estimated number of years of remaining useful life.

■ **método lineal** Un método para calcular la depreciación para propósitos de impuestos, calculado mediante la división de la base ajustada de una propiedad por el número calculado de años que le quedan de vida útil.

straight (term) loan A loan in which only interest is paid during the term of the loan, with the entire principal amount due with the final interest payment.

■ **préstamo (plazo) lineal** Un préstamo en el que sólo se paga interés durante el plazo del préstamo. El capital vence al mismo tiempo que el último pago de interés.

subagent One who is employed by a person already acting as an agent. Typically a reference to a salesperson licensed under a broker (agent) who is employed under the terms of a listing agreement.

■ **subagente** Alguien que está empleado por otro que ya está actuando como agente. Típicamente se refiere a un(a) vendedor(a) que tiene licencia bajo otro corredor (agente) de bienes raíces, quien a su vez está empleado de acuerdo con los términos de un acuerdo (contrato) de venta.

subdivider One who buys undeveloped land, divides it into smaller, usable lots and sells the lots to potential users.

■ **subdivisor** Una persona que compra terrenos que no han sido desarrollados, los divide en lotes utilizables más pequeños y vende dichos lotes a usuarios potenciales.

subdivision A tract of land divided by the owner, known as the subdivider, into blocks, building lots and streets according to a recorded subdivision plat, which must comply with local ordinances and regulations.

- **subdivisión** Un trecho de terreno dividido por el dueño, conocido como subdivisor, en manzanas, lotes para edificación y calles, de acuerdo con un plano de subdivisión registrado, el cual tiene que cumplir con las ordenanzas y reglamentos locales.

subdivision and development ordinances Municipal ordinances that establish requirements for subdivisions and development.

- **ordenanzas sobre la subdivisión y urbanización** Ordenanzas municipales que establecen requisitos para la subdivisión y desarrollo.

subdivision plat *See* plat map.

- **plano de subdivisión** *Véase* mapa de un plano catastral.

sublease *See* subletting.

- **subarrendar** *Véase* subarriendo.

subletting The leasing of premises by a lessee to a third party for part of the lessee's remaining term. *See also* assignment.

- **subarriendo** El arrendamiento de un local por un arrendatario a un tercero durante una porción del plazo restante del propio arrendatario. *Véase también* escritura de cesión, transferencia.

subordination Relegation to a lesser position, usually in respect to a right or security.

- **subordinación** Relegar a una posición de menor importancia, por lo general con respecto a un derecho o garantía.

subordination agreement A written agreement between holders of liens on a property that changes the priority of mortgage, judgment and other liens under certain circumstances.

- **acuerdo (contrato) de subordinación** Un acuerdo por escrito entre los poseedores de gravámenes sobre una propiedad que cambia la prioridad de gravámenes hipotecarios, judiciales y otros, de acuerdo con ciertas circunstancias.

subrogation The substitution of one creditor for another, with the substituted person succeeding to the legal rights and claims of the original claimant. Subrogation is used by title insurers to acquire from the injured party rights to sue in order to recover any claims they have paid.

- **subrogación** La substitución de un acreedor por otro, donde la persona substituida sucede (entra como heredero) en derechos legales y reclamaciones legales al peticionario original. La subrogación se usa por los aseguradores de los títulos de propiedad para obtener los derechos para entablar juicio de la parte perjudicada con el fin de recuperar cualquier reclamación que ellos hayan pagado.

substitution An appraisal principle that states that the maximum value of a property tends to be set by the cost of purchasing an equally desirable and valuable substitute property, assuming that no costly delay is encountered in making the substitution.

- **substitución** Un principio de avalúo que dice que el valor máximo de una propiedad tiende a fijarse por el costo de adquirir una propiedad deseable y sustituible en su valor, suponiendo que no hay un retraso costoso al hacer la substitución.

subsurface rights Ownership rights in a parcel of real estate to the water, minerals, gas, oil and so forth that lie beneath the surface of the property.

- **derechos subterráneos** Derechos de titularidad en una parcela de propiedad inmueble respecto al agua, minerales, gas, petróleo, etcétera que yacen debajo de la superficie de la propiedad.

suit for possession A court suit initiated by a landlord to evict a tenant from leased premises after the tenant has breached one of the terms of the lease or has held possession of the property after the lease's expiration.

- **petición de posesión** Una acción legal (demanda) ante un tribunal iniciada por el dueño de un inmueble para echar a un inquilino del lugar arrendado después de que el inquilino haya quebrantado alguno de los términos del contrato de arrendamiento o se haya mantenido en posesión de la propiedad después de la expiración de dicho arrendamiento.

suit to quiet title A court action intended to establish or settle the title to a particular property, especially when there is a cloud on the title.

■ **petición para obtener título pleno** Una acción en tribunal cuya intención es establecer o afirmar el título respecto a una propiedad en particular, en especial cuando hay alguna duda en el título.

supply The amount of goods available in the market to be sold at a given price. The term is often coupled with demand.

■ **oferta** La cantidad de bienes disponibles en el mercado que se venden a un precio determinado. Con frecuencia, este término se usa conjuntamente con demanda.

supply and demand The appraisal principle that follows the interrelationship of the supply of and demand for real estate. As appraising is based on economic concepts, this principle recognizes that real property is subject to the influences of the marketplace just as is any other commodity.

■ **oferta y demanda** El principio de avalúo que sigue la interrelación de la oferta de, y de la demanda por, bienes raíces. Dado que el avalúo está basado en conceptos económicos, este principio reconoce que los inmuebles están sujetos a las influencias del mercado, de la misma forma que cualquier otro bien o mercadería.

surety bond An agreement by an insurance or bonding company to be responsible for certain possible defaults, debts or obligations contracted for by an insured party; in essence, a policy insuring one's personal and/or financial integrity. In the real estate business a surety bond is generally used to ensure that a particular project will be completed at a certain date or that a contract will be performed as stated.

■ **bono de garantía** Un acuerdo (contrato) por una compañía de seguros o de cauciones de ser la responsable por ciertos incumplimientos posibles, deudas y obligaciones contractuales de una parte asegurada; en esencia, una póliza que asegura la integridad personal y/o financiera de alguien. En el negocio de bienes raíces, una garantía de cumplimiento se usa generalmente para asegurar que un proyecto en particular se completará en una fecha determinada o que un contrato se realizará como se indica en el propio documento.

surface rights Ownership rights in a parcel of real estate that are limited to the surface of the property and do not include the air above it (air rights) or the minerals below the surface (subsurface rights).

- **derechos de superficie** Derechos de titularidad en una parcela de un inmueble que están limitados a la superficie de la propiedad y que no incluyen el aire por encima (derechos aéreos) ni los minerales por debajo de la superficie (derechos subterráneos).

survey The process by which boundaries are measured and land areas are determined; the on-site measurement of lot lines, dimensions and position of a house on a lot, including the determination of any existing encroachments or easements.

- **agrimensura catastral** El proceso mediante el cual se miden los confines y se determina el área de una superficie de la propiedad; la medición de las líneas de lotes en el sitio mismo, las dimensiones y posición de una casa sobre el lote, incluyendo la determinación de cualquier usurpación de terreno o servidumbre.

syndicate A combination of people or firms formed to accomplish a business venture of mutual interest by pooling resources. In a real estate investment syndicate the parties own and/or develop property, with the main profit generally arising from the sale of the property.

- **sindicato (consorcio) financiero** Una combinación de personas o entidades que se forma para llevar a cabo una empresa de negocios de interés mutuo mediante la reunión de recursos. En un consorcio de inversión en bienes raíces las partes son dueñas de y/o desarrollan propiedades, con las ganancias principales que, por lo general, se generan de la venta de la propiedad.

tacking Adding or combining successive periods of continuous occupation of real property by adverse possessors. This concept enables someone who has not been in possession for the entire statutory period to establish a claim of adverse possession.

- **fusión de dos hipotecas** Adición o combinación de plazos sucesivos de la ocupación continua de un inmueble por poseedores adversos. Este concepto le permite a alguien que no ha estado en posesión, durante todo el plazo estatutario, de establecer un reclamo como posesión adversa.

taxation The process by which a government or municipal quasi-public body raises monies to fund its operation.

- **tributación** El proceso mediante el cual un gobierno o un órgano municipal cuasipúblico recolecta dineros para financiar sus operaciones.

tax basis The amount upon which future gain is measured. Also the amount of remaining depreciation.

- **base de tributación (fiscal)** La cantidad sobre la que se mide la ganancia futura. También la cantidad de la depreciación restante.

tax credit An amount by which tax owed is reduced directly.

- **crédito fiscal** Una cantidad mediante la cual se reducen en forma directa los impuestos que se deben.

tax deed An instrument, similar to a certificate of sale, given to a purchaser at a tax sale. *See also* certificate of sale.

■ **escritura fiscal** Un instrumento, similar a un certificado de venta, que se da a un comprador durante una subasta de un inmueble para cobrar los impuestos *(tax sale)*. *Véase también* certificado de venta.

tax lien A charge against property, created by operation of law. Tax liens and assessments take priority over all other liens.

■ **gravamen de tributación** Un cargo contra una propiedad, creada por ley. Los gravámenes de tributación y las tasaciones tienen prioridad sobre todos los otros tipos de gravámenes.

tax sale A court-ordered sale of real property to raise money to cover delinquent taxes.

■ **subasta de tributación** Una venta de un inmueble ordenada por un tribunal con el fin de obtener el dinero para recuperar impuestos morosos.

tenancy by the entirety The joint ownership, recognized in some states, of property acquired by husband and wife during marriage. Upon the death of one spouse the survivor becomes the owner of the property.

■ **posesión mancomunada (entre marido y mujer)** La titularidad mancomunada, reconocida en algunos estados, de la propiedad adquirida por el marido y por la mujer durante su matrimonio. Tras la muerte de uno de los cónyuges, el superviviente se convierte en el dueño de la propiedad.

tenancy in common A form of co-ownership by which each owner holds an undivided interest in real property as if he or she were sole owner. Each individual owner has the right to partition. Unlike joint tenants, tenants in common have right of inheritance.

■ **co-dominio de un inmueble** Una forma de copropiedad mediante la cual cada dueño tiene un interés indivisible en un inmueble como si él o ella fuese el único dueño. Cada dueño individual tiene el derecho de partición. A diferencia de los propietarios mancomunados, los copropietarios de un inmueble tienen el derecho de heredar.

tenancy in partnership Ownership by two or more persons, acting as partners, of property held for partnership purposes.

■ **tenencia en asociación** Titularidad de una o dos personas, que actúan como socios, de una propiedad que se tiene para propósitos de la asociación.

tenant One who holds or possesses lands or tenements by any kind of right or title.

■ **arrendatario (locatario) de un inmueble** Una persona que tiene o que posee terrenos o inmuebles con cualquier tipo de derecho o de título.

tenant improvements Alterations to the interior of a building to meet the functional demands of the tenant.

■ **mejoras por parte del arrendatario** Alteraciones al interior de una vivienda para satisfacer las exigencias de funcionamiento del propio arrendatario.

testate Having made and left a valid will.

■ **testado** El haber hecho y dejado un testamento válido.

testator A person who has made a valid will. A woman often is referred to as a testatrix, although testator can be used for either gender.

■ **testador** Una persona que ha hecho un testamento válido. A una mujer con frecuencia se le llama, en inglés, testatrix (testadora), aunque en inglés la palabra testator se puede usar para ambos sexos.

tier (township strip) A strip of land six miles wide extending east and west and numbered north and south according to its distance from the base line in the rectangular (government) survey system of legal description.

■ **banda (tramo de un distrito municipal)** Un tramo de terreno de seis millas de ancho, que se extiende del este al oeste y que está numerado de norte a sur de acuerdo a su distancia de la línea base en el sistema de agrimensura de terrenos rectangular (gubernamental) de descripción legal.

time is of the essence A phrase in a contract that requires the performance of a certain act within a stated period of time.

- **el tiempo es de carácter esencial** Una frase en un contrato que requiere el desempeño de un cierto acto dentro de un plazo de tiempo determinado.

time-share A form of ownership interest that may include an estate interest in property and which allows use of the property for a fixed or variable time period.

- **tiempo compartido** Una forma de titularidad de un interés patrimonial que puede incluir un interés en la propiedad y que permite el uso de la propiedad durante un plazo de tiempo fijo o variable.

title (1) The right to or ownership of land. (2) The evidence of ownership of land.

- **título** (1) El derecho de ser propietario de un terreno. (2) La evidencia de la titularidad sobre el terreno.

title insurance A policy insuring the owner or mortgagee against loss by reason of defects in the title to a parcel of real estate, other than encumbrances detects and matters specifically excluded by the policy.

- **seguro contra vicios en los títulos de propiedad, seguro de título** Una póliza que asegura al dueño o acreedor hipotecario contra la pérdida por defectos o vicios en el título de una parcela de un bien raíz, con la excepción de gravámenes, defectos y asuntos específicamente excluidos de la póliza.

title search The examination of public records relating to real estate to determine the current state of the ownership.

- **investigación de título** La examinación de los registros públicos de la propiedad para determinar la situación actual de la titularidad.

title theory Some states interpret a mortgage to mean that the lender is the owner of mortgaged land. Upon full payment of the mortgage debt the borrower becomes the landowner.

- **teoría sobre los títulos** Algunos estados interpretan una hipoteca en tal forma que el prestamista es el dueño de la propiedad hasta que se pague la deuda hipotecaria. Cuando ésta se paga por completo, el prestatario se convierte en el dueño de la propiedad.

Torrens system A method of evidencing title by registration with the proper public authority, generally called the registrar, named for its founder, Sir Robert Torrens.

- **sistema Torrens** Un método para comprobar (dar evidencias de) el título mediante su registro ante la autoridad pública apropiada, generalmente llamado funcionario de registro (en inglés, registrar), y nombrado en honor de su fundador, Sir Robert Torrens.

township The principal unit of the rectangular (government) survey system. A township is a square with six-mile sides and an area of 36 square miles.

- **distrito (división) municipal** La unidad principal del sistema de agrimensura de terrenos rectangular (gubernamental). Un distrito municipal es un cuadrado con lados de seis millas y una área de 36 millas cuadradas.

township strips *See* tier (township strip).

- **trechos del distrito municipal** *Véase* banda (tramo de un distrito municipal).

trade fixture An article installed by a tenant under the terms of a lease and removable by the tenant before the lease expires.

- **mueble adherido a un inmueble (con fines comerciales)** Un artículo instalado por un arrendatario bajo los términos de un arrendamiento, y que se puede quitar por el mismo antes de que termine el arrendamiento.

transfer tax Tax stamps required to be affixed to a deed by state/local law.

- **impuesto a las transferencias** Sellos de impuestos que tienen que fijarse a una escritura del bien raíz cuando ésta se transfiere de una persona a otra de acuerdo con las leyes del estado y/o de la localidad.

trust A fiduciary arrangement whereby property is conveyed to a person or institution, called a trustee, to be held and administered on behalf of another person, called a beneficiary. The one who conveys the trust is called the trustor.

▪ **fideicomiso** Un arreglo fiduciario mediante el cual la propiedad se transfiere a una persona o institución, llamada fideicomisario, y se mantiene y administra a nombre de otra persona, llamado(a) beneficiario(a). La persona que transfiere el fideicomiso se llama fideicomitente (creador del fideicomiso).

trust account An account separate from a broker's own funds (business and personal) in which the broker is required by law to deposit all funds collected for clients before disbursement.

▪ **cuenta de fideicomiso** Una cuenta que se mantiene por separado de los fondos propios del corredor (sean de negocios o personales) en la que el corredor está obligado, por ley, a depositar todos los fondos cobrados a favor de clientes antes del desembolso.

trust deed An instrument used to create a mortgage lien by which the borrower conveys title to a trustee, who holds it as security for the benefit of the note holder (the lender); also called a deed of trust.

▪ **escritura fiduciaria** Un instrumento utilizado para la creación de un gravamen o derecho de preferencia hipotecario mediante el cual el prestatario transfiere el título al fideicomisario, quien lo mantiene como una garantía en beneficio del poseedor del pagaré (el prestamista); también llamado documento de fideicomiso.

trust deed lien A lien on the property of a trustor that secures a deed of trust loan.

▪ **gravamen en escritura fiduciaria** Un gravamen sobre la propiedad de un fideicomitente que asegura un préstamo de una escritura fiduciaria.

trustee The holder of bare legal title in a deed of trust loan transaction.

▪ **fiduciario** El poseedor de un título legal nominal *(bare legal title)* en una transacción de préstamo respecto a una escritura de fideicomiso.

trustee's deed A deed executed by a trustee conveying land held in a trust.

- **escritura del fiduciario** Un instrumento formal ejecutado por un fiduciario al transferir el terreno mantenido bajo un fideicomiso.

trustor A borrower in a deed of trust loan transaction.

- **fideicomitente (creador del fideicomiso)** Un prestatario en una transacción de préstamo sobre una escritura de fideicomiso.

Truth-in-Lending Law The main purpose of this law is to ensure that borrowers and customers in need of consumer credit are given meaningful information with respect to the cost of credit. In this way consumers can more readily compare the various credit terms available to them and thus avoid the uninformed use of credit. *See* Regulation Z.

- **Ley de Veracidad en los Préstamos** El principal propósito de esta ley es asegurar que los prestatarios y clientes que necesiten créditos de consumidor reciban una información adecuada con respecto al costo de los mismos. De esta manera los consumidores pueden comparar más fácilmente los diferentes términos de crédito disponibles para ellos y, por lo tanto, evitar su uso incorrecto. *Véase* Reglamento Z.

undivided interest *See* tenancy in common.

- **interés indiviso** *Véase* copropiedad de un inmueble.

unenforceable contract A contract that has all the elements of a valid contract, yet neither party can sue the other to force performance of it. For example, an unsigned contract is generally unenforceable.

- **contrato no obligatorio** Un contrato que contiene todos los elementos para hacerlo válido, sin embargo ninguna de las partes puede demandar a la otra para forzar la ejecución del mismo. Por ejemplo, un contrato que no está firmado, por lo general se considera no obligatorio.

Uniform Commercial Code A codification of commercial law, adopted in most states, that attempts to make uniform all laws relating to commercial transactions, including chattel mortgages and bulk transfers. Security interests in chattels are created by an instrument known as a security agreement. To give notice of the security interest, a financing statement must be recorded. Article 6 of the code regulates bulk transfers—the sale of a business as a whole, including all fixtures, chattels and merchandise.

- **Código Comercial Uniforme** Una codificación de las leyes mercantiles, adoptada en la mayoría de los estados, que trata de uniformar todas las leyes relacionadas con las transacciones comerciales, incluyendo las hipotecas de bienes muebles y enseres y transferencias totales. Los intereses con garantía en los bienes muebles y enseres se crean mediante un instrumento conocido como un acuerdo (contrato) de garantía. Para dar notificación de un interés con garantía, se tiene que registrar una declaración de financiación. El artículo 6 del código rige a las transferencias totales—la venta de un negocio en su totalidad, incluyendo todos los muebles adheridos al inmueble, los muebles y enseres y la mercancía.

unilateral contract A one-sided contract wherein one party makes a promise so as to induce a second party to do something. The second party is not legally bound to perform; however, if the second party does comply, the first party is obligated to keep the promise.

- **contrato unilateral** Un contrato de un solo lado mediante el cual una parte hace una promesa con el fin de inducir a la segunda parte a que ésta haga algo. La segunda parte no está legalmente obligada a realizarlo; sin embargo, si ésta cumple, la primera parte está obligada a cumplir su promesa.

unit-in-place method The appraisal method of estimating building costs by calculating the costs of all of the physical components in the structure, with the cost of each item including its proper installation, connection, etc.; also called the segregated cost method.

- **método de unidad en su lugar** El método de avalúo para calcular los costos de edificación mediante el cálculo de los costos de todos los componentes físicos en la estructura, con el costo de cada artículo incluyendo su instalación apropiada, su conexión, etc.; también llamado el método de costo segregado.

unit of ownership The four unities that are traditionally needed to create a joint tenancy—unity of title, time, interest and possession.

- **unidad de propiedad** Las cuatro unidades que tradicionalmente se necesitan para crear un co-dominio sobre un inmueble—unidad de título, tiempo, interés y posesión.

universal agent One empowered by a principal to represent him or her in all matters that can be delegated.

- **agente universal (general)** Una persona que cuenta con el poder dado por un principal para representarlo(a) en todos los asuntos que puedan ser delegados.

useful life In real estate investment, the number of years a property will be useful to the investors.

- **vida útil** En una inversión de un inmueble, se refiere al número de años que una propiedad será útil para sus inversionistas.

usury Charging interest at a higher rate than the maximum rate established by state law.

- **usura** Cargo de intereses a una tasa más alta que la máxima tasa establecida por las leyes del estado.

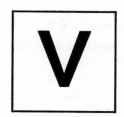

valid contract A contract that complies with all the essentials of a contract and is binding and enforceable on all parties to it.

- **contrato válido** Un contrato que cumple con todo lo esencial para constituir un contrato, que es obligatorio y que se puede hacer valer respecto a todas las partes firmantes.

VA loan A mortgage loan on approved property made to a qualified veteran by an authorized lender and guaranteed by the Department of Veterans Affairs in order to limit the lender's possible loss.

- **préstamo VA** Un préstamo hipotecario sobre propiedades aprobadas que se le concede a un veterano por un prestamista autorizado y que está garantizado por el Departamento de Asuntos de Veteranos *(Department of Veterans Affairs)* con el fin de limitar la posible pérdida del prestamista.

value The power of a good or service to command other goods in exchange for the present worth of future rights to its income or amenities.

- **valor (valía)** El poder de un bien o servicio para comandar otros bienes, a cambio del valor presente de derechos futuros respecto a sus ingresos o comodidades.

variance Permission obtained from zoning authorities to build a structure or conduct a use that is expressly prohibited by the current zoning laws; an exception from the zoning ordinances.

- **variación** Un permiso obtenido de las autoridades que rigen la zona para construir una estructura o para llevar a cabo un uso que está expresamente prohibido por las leyes zonales actuales; una excepción a las ordenanzas zonales.

vendee A buyer, usually under the terms of a land contract.
- **comprador** Un comprador, usualmente bajo los términos de un contrato inmobiliario.

vendor A seller, usually under the terms of a land contract.
- **vendedor** Un vendedor, usualmente bajo los términos de un contrato inmobiliario.

void To have no force or effect; that which is unenforceable.
- **nulo** Que no tiene fuerza ni efecto; algo que no se puede hacer valer.

voidable That which can be adjudged void but is not void unless action is taken to make it so.
- **anulable** Algo que puede juzgarse como nulo pero que no es nulo a no ser que se tome alguna acción para anularlo.

voidable contract A contract that seems to be valid on the surface but may be rejected or disaffirmed by one or both of the parties.
- **contrato anulable** Un contrato que parece ser válido en apariencia pero que puede ser rechazado o desmentido por una de las partes o ambas.

void contract A contract that has no legal force or effect because it does not meet the essential elements of a contract.
- **contrato nulo** Un contrato que no tiene fuerza legal ni efecto porque no satisface los elementos esenciales de un contrato.

voluntary alienation *See* alienation.
- **enajenación voluntaria** *Véase* enajenación.

voluntary lien A lien placed on property with the knowledge and consent of the property owner.
- **gravamen voluntario** Un gravamen puesto sobre una propiedad con el conocimiento y consentimiento del dueño de la propiedad.

waste An improper use or an abuse of a property by a possessor who holds less than fee ownership, such as a tenant, life tenant, mortgagor or vendee. Such waste ordinarily impairs the value of the land or the interest of the person holding the title or the reversionary rights.

■ **desperdicio** Un uso inadecuado o abuso de la propiedad por un poseedor que tiene menos que la titularidad plena, como por ejemplo un arrendatario vitalicio, deudor hipotecario o comprador. Tal desperdicio generalmente disminuye (afecta en forma negativa) el valor del terreno o el interés de la persona que tiene el título o los derechos de reversión.

will A written document, properly witnessed, providing for the transfer of title to property owned by the deceased, called the testator.

■ **testamento** Un documento escrito, atestiguado en la forma adecuada, que estipula la transferencia de un título de propiedad cuyo dueño fue el difunto, a quien aquí se le denomina testador(a).

workers' compensation acts Laws that require an employer to obtain insurance coverage to protect his or her employees of their employment.

■ **leyes de compensación a los trabajadores** Las leyes que requieren que un patrón obtenga seguro para cubrir a sus empleados contra lesiones que sufran durante el curso de su empleo o trabajo.

wraparound loan A method of refinancing in which the new mortgage is placed in a secondary, or subordinate, position; the new mortgage includes both the unpaid principal balance of the first mortgage and whatever additional sums are advanced by the lender. In essence it is an additional mortgage in which another lender refinances a borrower by lending an amount over the existing first mortgage amount without disturbing the existence of the first mortgage.

■ **préstamo envuelto subordinado** Un método de refinanciamiento en el que la nueva hipoteca se coloca en una posición secundaria o subordinada; la nueva hipoteca incluye tanto el saldo del monto no pagado de la primera hipoteca como cualquier monto adicional que haya sido otorgado por el prestamista. En esencia, se trata de una hipoteca adicional en la que otro prestamista vuelve a financiar a un prestatario mediante el préstamo de una cantidad por encima de la primera hipoteca, sin perturbar la existencia de dicha primera hipoteca.

writ of execution A court order directing the sheriff officer to satisfy a money judgment out of the debtor's property, including real estate not exempt from execution.

■ **mandamiento de ejecución** Una orden del tribunal indicándole al alguacil *(sheriff)* de que satisfaga una sentencia monetaria, tomando para ello propiedad del deudor, incluyendo bienes raíces que no estén exentos de ejecución.

writ of possession Order issued by the court directing the sheriff or marshal to take all legal steps necessary to remove the occupant(s) from the specified premises.

■ **orden judicial de posesión** Una orden emitida por un tribunal indicándole al alguacil o jefe de policía que tome los pasos necesarios para desalojar al (a los) ocupante(s) de los lugares (viviendas) especificados.

yield Profit, return, the interest earned by an investor on an investment or by a bank on the money it has loaned.

- **rédito** Ganancia, rendimiento, el interés devengado por un inversionista respecto a una inversión, o por un banco respecto al dinero que ha prestado.

zoning ordinance An exercise of police power by a municipality to regulate and control the character and use of property.

- **ordenanza zonal** La potestad del gobierno de parte de un municipio para reglamentar y controlar el carácter y el uso que se da a la propiedad.

Index

E

I

J

R

rescisión, *see* **rescission**, p. 105
resguardo provisional, *see* **binder**, p. 13
residencia familiar (casa solariega), *see* **homestead**, p. 62
retención de tenencia (tenencia remanente), *see* **holdover tenancy**, p. 61
revertir, *see* **escheat**, p. 43
revisión gubernamental, *see* **government check**, p. 56
"rompe cuadras", *see* **blockbusting**, p. 13

S

satisfacción (pago) de hipoteca, *see* **satisfaction of mortgage**, p. 108
sección, *see* **section**, p. 109
sección fraccionaria, *see* **fractional section**, p. 53
seguro contra vicios en los títulos de propiedad, *see* **title insurance**, p. 122
seguro de título, *see* **title insurance**, p. 122
seguro hipotecario privado (particular), *see* **private mortgage insurance, (PMI)**, p. 95
sentencia por deficiencia, *see* **deficiency judgement**, p. 34
separación, *see* **severance**, p. 110
servicio múltiple de ventas, *see* **multiple-listing service (MLS)**, p. 80
servidumbre, *see* **easement**, p. 38
servidumbre implícita, *see* **easement by implication**, p. 39
servidumbre personal, *see* **easement in gross**, p. 39
servidumbre perteneciente, *see* **appurtenant easement**, p. 8
servidumbre por adjunto, *see* **easement by appurtenant**, p. 38
servidumbre por expropiación, *see* **easement by condemnation**, p. 38

servidumbre por necesidad, *see* **easement by necessity**, p. 39
servidumbre por prescripción, *see* **easement by prescription**, p. 39
servidumbre real o accesoria, *see* **appurtenant easement**, p. 8
sin homogeneidad, *see* **nonhomogeneity**, p. 83
sindicato de inversiones en bienes raíces, *see* **real estate investment syndicate**, p. 100
sindicato (consorcio) financiero, *see* **syndicate**, p. 118
sistema alodial, *see* **allodial system**, p. 5
sistema de agrimensura de terrenos rectangular (gubernamental), *see* **rectangular (government) survey system**, p. 103
Sistema de la Reserva Federal, *see* **Federal Reserve System**, p. 50
sistema de lote y manzana (plano catastral registrado), *see* **lot-and-block (recorded plat) system**, p. 75
sistema feudal, *see* **feudal system**, p. 51
sistema gubernamental de agrimensura de terrenos, *see* **rectangular survey system**, p. 103
sistema Torrens, *see* **Torrens system**, p. 123
sociedad limitada, *see* **limited partnership**, p. 73
subagente, *see* **subagent**, p. 114
subarrendar, *see* **subletting**, p. 115
subarriendo, *see* **subletting**, p. 115
subasta de tributación, *see* **tax sale**, p. 120
subdivisión, *see* **subdivision**, p. 115
subdivisor, *see* **subdivider**, p. 114
subordinación, *see* **subordination**, p. 115
subrogación, *see* **subrogation**, p. 116
substitución, *see* **substitution**, p. 116
sucesión, *see* **descent**, p. 35
sucursal, *see* **branch office**, p. 14

T

tardanza procesal, *see* **laches,** p. 69

tasa de capitalización, *see* **capitalization rate,** p. 18

tasa de descuento, *see* **discount rate,** p. 36

tasa de interés (porcentaje) anual, *see* **annual percentage rate (APR),** p. 7

tasa de interés preferencial, *see* **prime rate,** p. 93

tasación fiscal, *see* **assessment,** p. 9

tasación para mejoras, *see* **special assessment,** p. 111

tasador, *see* **assessor,** p. 9

tenencia en asociación, *see* **tenancy in partnership,** p. 121

tenencia en común, *see* **joint tenancy,** p. 67

tenencia sirviente, *see* **servient tenement,** p. 110

teoría del gravamen, *see* **lien theory,** p. 72

teoría sobre los títulos, *see* **title theory,** p. 122

terreno, *see* **land,** p. 69

testado, *see* **testate,** p. 121

testador, *see* **testator,** p. 121

testamento, *see* **will,** p. 131

testamento hológrafo, *see* **holographic will,** p. 61

testamento nuncupativo (abierto), *see* **nuncupative will,** p. 84

tiempo compartido, *see* **time-share,** p. 122

tierra, *see* **land,** p. 69

titularidad real, *see* **real property,** p. 101

título, *see* **title,** p. 122

título aparente, *see* **color of title,** p. 23

título comerciable, *see* **marketable title,** p. 76

título equitativo, *see* **equitable title,** p. 43

título negociable, *see* **negotiable instrument,** p. 82

título pleno (sin trabas), *see* **quiet title,** p. 98

tope de los pagos, *see* **payment cap,** p. 90

tope en la tasa (de interés), *see* **rate cap,** p. 99

transferencia, *see* **assignment,** p. 9

transferencia total, *see* **Uniform Commercial Code,** p. 126

trechos del distrito municipal, *see* **tier (township strip),** p. 121

tributación, *see* **taxation,** p. 119

U

unidad de propiedad, *see* **unit of ownership,** p. 127

unión, *see* **annexation,** p. 7

urbanizador (constructor), *see* **developer,** p. 36

uso no conforme, *see* **nonconforming use,** p. 83

uso óptimo, *see* **highest and best use,** p. 60

usura, *see* **usury,** p. 128

V

vacío, *see* **gap,** p. 55

vale, *see* **note,** p. 84

validación de un testamento, *see* **probate,** p. 95

valor (valía), *see* **value,** p. 129

valor de mercado, *see* **market value,** p. 76

valor en libros, *see* **book value,** p. 14

valor intrínseco, *see* **intrinsic value,** p. 66

variación, *see* **variance,** p. 129

vendedor, *see* **vendor,** p. 130

vendedor(a), *see* **salesperson,** p. 108

vendedor(a)-corredor(a) de bienes raíces, *see* **broker-salesperson,** p. 15

vendimia mediante pánico, *see* **panic peddling,** p. 88

venta a plazos, *see* **installment sale,** p. 65